Hubertus Scheurer
Erlebnisse im Hotel mit König Alfred
und seinem Hanswurst

Hubertus Scheurer

Erlebnisse im Hotel mit König Alfred und seinem Hanswurst

Der Kampf eines Bürgers gegen ein Unternehmen mit faschistoiden Verhaltensweisen

Band VI.

Bibliografische Information Der Deutschen Bibliothek
Die Deutsche Bibliothek verzeichnet diese Publikation
in der Deutschen Nationalbibliografie;
detaillierte bibliografische Daten sind im Internet über
http://dnb.ddb.de abrufbar.

Bibliographic information published by
Die Deutsche Bibliothek
Die Deutsche Bibliothek lists this publication in the
Deutsche Nationalbibliografie;
detailed bibliographic data
are available in the Internet at http://dnb.ddb.de.

Hubertus Scheurer – Erlebnisse im Hotel mit König Alfred
und seinem Hanswurst

2. Auflage

Herstellung und Verlag: Books on Demand GmbH, Norderstedt
ISBN: 978-3-8334-7980-9

Informationen über:
www.Hubertus-Scheurer.de

Inhaltsverzeichnis

Vorwort

Meine Plakatwerbung, wie in Band V angekündigt, ist nunmehr abgeschlossen.
In der Zeit vom 12.7 bis 12.8.05 waren die Plakate an 550 Plakatwänden und Litfaß-
säulen im gesamten Hamburger Raum zu sehen.
Pro Plakat wird mit einer Reichweite bis zu 1.729 Einwohnern gerechnet; theoretisch
wären also gut 950.000 Einwohner erreichbar gewesen.
Hätte nur 1% dieser Einwohner die Plakate zur Kenntnis genommen, handelte es sich
dabei immerhin noch um 9.500 Personen.
Eine nennenswerte Reaktion ist jedoch ausgeblieben; jedenfalls habe ich keine Stel-
lungnahme aus der Bevölkerung erhalten und auch von der Presse, die ihr Auge sonst
doch überall hat, wurden die Plakate offenbar nicht wahrgenommen.
Trotzdem bedaure ich nicht, diese Maßnahme in die Wege geleitet zu haben. Zumin-
dest wurde von mir alles getan, um auf Mißstände in diesem Land hinzuweisen.
Wichtig ist, daß man an etwas glaubt, von einer Sache überzeugt ist und wenn meine
Bemühungen heute auch ignoriert werden, so kann ich mir vorstellen, daß meine Bü-
cher später einmal eine etwas größere Verbreitung finden.
Daran glaube ich, und mit diesem Glauben verbindet sich ein positives Lebensgefühl.
Ich denke, daß hierin der Sinn eines jeden Glaubens liegt, mag er für andere auch
noch so absurd erscheinen.
Deshalb würde ich auch nicht versuchen, jemandem seinen Glauben, der ihm gewiß
Halt gibt, auszureden, zumal es mir zweifelhaft erscheint, ob ich in der Lage wäre,
den Platz des Verlorengegangenen mit einem Inhalt auszufüllen, der dieses ersetzen
könnte.
Etwas anderes ist es, wenn der Glaube in Gewalt ausartet; dann besteht die morali-
sche Pflicht, sich dagegenzustellen.
So habe ich mich trotz meiner Ankündigung in Band V dazu entschlossen, meiner
bisherigen Büchersammlung noch einige Bände hinzuzufügen.
Ich nehme darin wieder Geschichten aus den gerichtlich verbotenen Büchern (jeweils
gekennzeichnet mit Sternchen) auf, so daß meine Texte dann später doch noch voll-
ständig vorliegen werden. Außerdem kommen etwa jeweils zur Hälfte neue Gedichte
hinzu.

Im Geist die Größe

Alfred K. zieht seine Bahn
Durch die Welt im Größenwahn;
Das, was ihn am meisten quält,
Ist die Größe, die ihm fehlt.

Und zwar in dem Geist die Größe,
Da gab er sich manche Blöße,
Die Struktur ist dort zu simpel,
Etwa so, wie bei dem Gimpel,

Der uns, wenn er einmal denkt,
Scheint aufs äußerste beschränkt;
Nun hat Alfred K. entdeckt,
Wie die Blöße er versteckt.

Er muß immer weiter bauen,
Weil dann alle Leute schauen
Auf die Größe ohnegleichen,
Die er wird wohl noch erreichen.

Jetzt führt er sein Bockwursthaus
Schon bis nach Australien aus,
Und so heißt es irgendwann,
Wieviel Geist hat dieser Mann.

Die Plakate

Wenn Sie glauben, die Plakate
Schlugen ein wie´ ne Granate
Und die Menschen wurden wach,
Nein, die Resonanz war schwach.

Auch wenn Bücher wieder brennen,
Kann man gerne weiter pennen,
Schließlich hat man ohnehin
Mit dem Lesen nichts im Sinn;

Abgesehn von Bildberichten
Mit obzönen Sexgeschichten
Und noch reichlich Sport dazu
Möcht man lieber seine Ruh.

Unsre Presse, sonst so offen,
Zeigte sich auch nicht betroffen,
Wühlt doch sonst in jedem Dreck,
Hier nun schaut sie lieber weg.

Fehlt noch K., von ihm zu hören,
Würd mich ganz und gar nicht stören,
Läuft er wieder zum Gericht,
Geht den Richtern auf ein Licht?
Sehr wahrscheinlich ist das nicht.

Zur Bücherverbrennung

Herr Alfred K. sah die Plakate,
Zog seinen Furz darauf zu Rate,
Schaun Sie das gründlich an und nun
Verraten Sie, was wolln sie tun?

»Heidi, heida«, so muß ich sagen,
Klingt recht beschwingt, kein Grund zu klagen,
Und wenn die Bücher er verbrennt,
Zeigt dies, der Schuldner, er erkennt,

Daß seine Bücher gar nichts taugen,
Er tut es kund vor aller Augen;
Das ist ein Sieg im K.-Geflecht
Und für das ganze deutsche Recht.

Im Feuer kann man herrlich büßen,
Das Mittelalter, es läßt grüßen,
Damals, nur wenigen bekannt,
Hat man die Ketzer gleich verbrannt.

Wenn die heut Sünden selbst verbrennen,
Würd ich das einen Fortschritt nennen,
Da sind wir durchaus weiter schon
Als damals die Inquisition.

Das Recht erstickt im K.-Geflecht

Alfred K. kriegt immer recht,
Las ich jetzt bei Bertold Brecht,
Das ist wirklich allerhand,
Er hat K. nicht mal gekannt.

Wie nun ist es zu verstehn,
Konnt er in die Zukunft sehn?
Nein, bestimmt nicht, doch ein K.
War zu jeder Zeit schon da.

Solang sich die Erde dreht,
Unsre Welt nicht untergeht,
Gibt es K.'s, und dieses war
Brecht ganz selbstverständlich klar.

Auch, daß Richter dienen treu
Diesen K.'s ist wohl kaum neu,
Und es scheint, mit K.'s im Bund
Lebt es sich nicht ungesund.

Gegen sie ergeht's Dir schlecht,
Deshalb sagte Bertold Brecht:
Unser hochgepriesnes Recht
Wird erstickt im K.-Geflecht.

Narziß und Großmund

Eins war absolut gewiß,
Alfred K. ist ein Narziß;
Er bewunderte sich sehr,
Niemand glänzte so wie er.

Wenn er vor dem Spiegel stand
Und sich sah im Prachtgewand
Dachte er nur immerzu
Alfred K., wie schön bist du.

Hanswurst mit dem großen Mund
Fand das auch und tat laut kund,
Solchen König, stolz und hehr
Gäb's sonst auf der Welt nicht mehr.

Dieses Antlitz edel, fein
Muß in jede Zeitung rein,
Damit alle, die es schaun,
Sich an Alfreds Bild erbaun.

Narziß, Großmund stellen dar
So das ideale Paar,
Denn Narziß braucht überall
Stets besondren Widerhall.

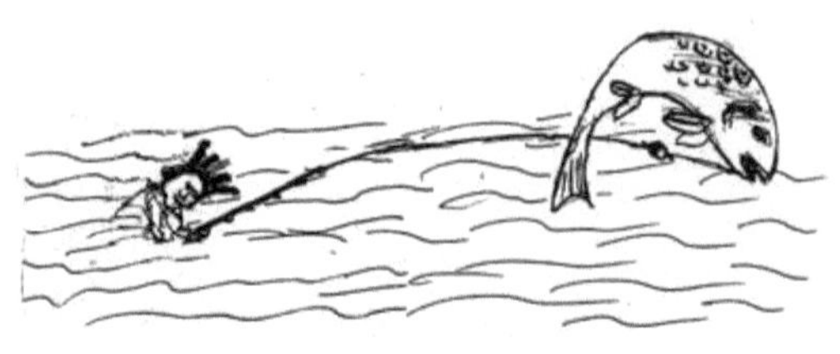

Narziß ohne Biß

Hanswurst will nun schon seit Jahren
Mit Alfred zum Angeln fahren;
Der denkt an den letzten Biß,
Hat seitdem noch immer Schiß.

Als er wurd im weiten Bogen
Vom Fisch durch den Teich gezogen,
Bis zum Schluß die Schnur dann riß, 1)
Welche Schmähung für'n Narziß.

Er konnt sie auch nie vergessen,
Mag nicht einmal Fisch mehr essen,
Hat mit Angeln ohnehin
Nun rein gar nichts mehr im Sinn.

So erfülln ihn Hanswursts Fragen
Stets mit großem Unbehagen,
Und er sagt, es tät ihm leid,
Dafür fehlte ihm die Zeit.

Schließlich will er nicht gestehen,
Daß ihm würd die Muffe gehen,
Wenn ein Fisch mal wieder biß,
Sonst wär ihm der Spott gewiß.

1) Sh. »Erlebnisse im Hotel«, Band II,
Angeln mit Pose, Seite 136

<u>Recht soll siegen</u>

Man weiß nicht, wie's war gewesen
Und braucht es nur nachzulesen,
Ich bracht es in trockne Tücher
Im Detail durch meine Bücher.

Wird Herr K. daraus was lernen?
Das steht nicht mal in den Sternen,
Denn er macht genauso weiter,
Wird im Leben nicht gescheiter.

Wenn selbst Richter hier nichts riechen,
Ihm in seinen Hintern kriechen,
Staatsanwälte diesen wischen
Und für ihn im Trüben fischen,

Muß das Recht doch wohl entarten,
Und man kann dann nicht erwarten,
Daß ein K. sich wird erheben,
Um dem Recht die Ehr' zu geben.

So wie hier die Dinge stehen,
Wird es weiter abwärts gehen;
Würd ich da nicht richtig liegen,
Wär's mir recht, denn Recht soll siegen.

Scheinbare Hanseaten

Mit Herrn K. als Hanseat
Macht man wirklich keinen Staat,
Und so sind die Hanseaten
Mit Herrn K. nicht gut beraten,

Wenn sie sich gar unterstehn,
Ihn als Vorbild anzusehn,
Denn vom Vorbild, das wir kennen,
Dürften ihn wohl Welten trennen.

Hält ein Hanseat nichts mehr
Von Rechtschaffenheit und Ehr',
Mag es durchaus Sinn ergeben,
Zum Idol ihn zu erheben.

Zeigt in K. sich das Gesicht
Einer neuen Oberschicht?
Die Bedeutung unterdessen,
Hanseaten zugemessen,

Dürfte dann verloren sein,
Sich verflüchtigen im Schein,
Der heut an so vielen Stellen
Läßt versiegen reine Quellen.

Die »Schmährede«

Welch Erfolg! Nach drei Semestern
Hatten wir die Prüfung gestern,
Und ich gebe hier bekannt,
Daß sie jeder gut bestand.

Meinen Glückwunsch zum Examen
Und zum diplomierten Namen;
Wenn Sie fortan Unrecht sehn,
Solln Sie akademisch schmähn,

Damit Wahrheit kommt zu Ehren,
Ehrlichkeit kann lange währen,
Und selbst unser Bürgermeister,
Wie Sie wissen, Ole heißt er,

Setzt ein ganz besondres Zeichen,
Stellt zum Guten hin die Weichen,
Hält, trotz seiner knappen Zeit,
Sich deshalb für Sie bereit.

Dieser Mann, gewiß von Adel,
Verleiht eine Anstecknadel
Mit der Schmählaterne drauf,
Für den weitren Lebenslauf.

Er kommt zu dem Abschlussfeste,
Auch dabei geladne Gäste,
Ich hoff, dass ich Sie dann seh,
Wünsch viel Glück, Professor Schmäh.

Die Anstecknadel

Der Plan mit der Anstecknadel
Stieß bei K. auf strengsten Tadel;
Er wollt Ole drum bewegen,
Ihn ganz schnell auf Eis zu legen.

Doch wie Ole überzeugen?
Ihn könnt er nicht einfach beugen;
Nun, Hanswurst im Kopf so helle,
War mit gutem Rat zur Stelle:

Lassen Sie uns Ole laden,
Wir wolln mit ihm saunen, baden,
Danach gibt es dann ein Essen,
Das er nie mehr wird vergessen.

Wenn ich dann zum Abschluß Ole
Auch noch einen runter hole,
Von den Speziallikören,
Alfred, ich kann Ihnen schwören,

Er wird weich wie Butter werden,
Kommen Sie dann mit Beschwerden,
Wird er alles unterlassen,
Was Sie als Affront auffassen.

Likör gegen Anstecknadel

Nach dem Essen und dem Saunen,
Ole kam nicht aus dem Staunen,
Wollte man nach ein paar Bieren
Ihm nun den Likör servieren.

Der Likör aus der Karaffe
War des Königs Wunderwaffe,
Besser als nach starken Pillen
War ihm jeder dann zu Willen.

Ole aber schien zu ahnen,
Daß sich hier könnt was anbahnen,
Das womöglich ihn in echte
Große Schwulitäten brächte.

So gab kund er, dass sein Magen
Könnt Likör nicht mehr vertragen,
Und man müßt auf K., den Großen
Diesmal ohne ihn anstoßen.

Damit schien ein Nerv getroffen,
Hanswursts Mund stand ganz weit offen,
König Alfred aber schaute,
Daß es Ole richtig graute.

Um hier wieder einzulenken,
Wollt er K. nun etwas schenken;
So kam Alfred trotz dem Tadel
Selbst zu einer Anstecknadel.

Erweckungslied für Alfred

Alfred erwache! Alfred erwache!
Groß ist der Herr im Zorn, in der Rache;
Es reicht nicht aus, am Sonntag zu beten,
Um montags seinen Mitmensch zu treten.

Alfred erwache! Alfred erwache!
Der Ungeist herrscht unter Deinem Dache;
Es nützt Dir nichts, einfach wegzusehen,
Du musst dafür doch einst gradestehen.

Alfred halt ein! Alfred halt ein!
Der Herr liebt es nicht das Scheinheiligsein;
Dein Gast hilft Dir, den Reichtum zu mehren,
Du sollst ihn achten, solltest ihn ehren.

Alfred halt ein! Alfred halt ein!
Sprach doch der Herr, die Vergeltung ist mein;
Sonst wirst auch Du schon recht bald bezahlen,
Im Fegefeuer mit Leid und Qualen.

König Alfreds Alptraum

König Alfred, wird gemunkelt,
Hatte eine schlimme Nacht;
Sein Gemüt hat sich verdunkelt,
Und so ist er aufgewacht.

Ja, ein Alptraum ist's gewesen,
Daß sein Umsatz ging zurück,
Wo er doch am Geld genesen,
Sah darin sein größtes Glück.

Und der Grund, man hat berichtet,
In dem Traum vom faulen Fisch,
Der schon mehrfach wurd gesichtet,
Im Hotel beim Mittagstisch.

Alfred schwor drauf zu verklagen,
Jene, die geschrieben schlecht,

Ihnen wollt er an den Kragen,
Glaubt, das wär sein gutes Recht.

Denn ein König lässt servieren,
Das, was er für richtig hält,
Niemand hat zu kritisieren,
Was dem König wohlgefällt.

Doch der Alptraum der ging weiter,
Und man traf sich vor Gericht;
König Alfred wurd nicht heiter,
Ihn verstand der Richter nicht.

Meinte der, man darf berichten,
Hier in einem freien Land,
Auch von übelsten Geschichten,
Wenn die Wahrheit hat Bestand.

Dies hätt Alfred umzusetzen,
Denn sonst würd sein Umsatz klein,
Bürgerrechte zu verletzen,
Fiel dem Richter gar nicht ein.

König Alfred tief betroffen,
Fuhr er hoch in seinem Bett,

Doch er konnte wieder hoffen,
Nur ein Traum, wahrlich nicht nett.

Keiner wagt es zu berichten,
Keiner schreibt vom faulen Fisch,
Ihn betreffende Geschichten,
Kehrt man einfach untern Tisch.

Er kann's Recht wohl weiter biegen,
Wie es war, so wird es sein,
So blieb König Alfred liegen,
Schlief erleichtert wieder ein.

Alfred der Spott-König

Was König Alfred sich erlaubt,
Das spottet dem Beschreiben;
Ob er im Ernst wohl daran glaubt,
Er könnt Zensur betreiben?

Den Mitmensch läßt er, wenn's be-
hagt,
Erst treten, dann entehren;
Weh dem, der ihm die Wahrheit sagt,
So darf sich keiner wehren.

Wer öffentlich ihm widerspricht,
Das heißt bei ihm verspotten,
Der soll, verurteilt vom Gericht,
In einem Knast verrotten.

Und jetzt schon male ich mir aus
Die richterlichen Lehren;
Wird sich bei uns im deutschen Haus
Demokratie bewähren?

Steh ich am Ende wieder dort,
Wo's Leben hat begonnen?
Dann zög ich wahrlich lieber fort,
Der König hätt gewonnen.

Hotel-Alfreds Wellness im Vergleich

Alfreds-Hotel, wie beschrieben,
Hat auch Wellness dort betrieben,
In der Form, es klingt absurd,
Daß mir manchmal übel wurd.

Somit möcht ich mich bedanken,
Für die mir gesetzten Schranken,
Denn so fand ich, wenn auch spät,
Wellness höchster Qualität.

Alfred wollt in Weltvergleichen
Gar den Spitzenplatz erreichen;
Bildet, wie ich konstatier,
Eher wohl das Schlusslicht hier.

Traf ich jetzt im Haus, dem neuen,
Gäste Alfreds, die einst treuen;
Freute uns das Wiedersehn,
Hanswurst würd den Hals verdrehn.

Alle fanden mehr Gefallen,
Als in König Alfreds Hallen;
Keiner möchte je zurück,
Immerhin ein bisschen Glück.

Der kalte König Alfred

König Alfred, meine Würde,
Sie ist Ihrer Ehre Hürde;
Tritt Ihr Haus sie in den Dreck,
Ist auch Ihre Ehre weg.

Wo sind denn die guten Sitten,
Wenn Ihr Haus, wird auch gestritten,
Menschenwürde tief verletzt,
Aufrichtige sind entsetzt.

Wenn man dies derweil bestreitet,
Weitere Lügen noch verbreitet,
Ist das Maß schon übervoll,
Scheint nicht angebracht Ihr Groll.

Den durch Sie entstandnen Schaden
Müssen Sie wohl selbst ausbaden,
Oder ist das deutsche Recht
Eines König Alfreds Knecht?

Dieser Kampf für gute Sitten
Wird allein von mir bestritten,
Und die Art der Gegenwehr,
Gereicht Ihnen nicht zur Ehr.

Menschenwürde achten, schützen,
Sollt mich hierbei unterstützen
Alle staatliche Gewalt,
König Alfred läßt das kalt.

Die heilige Symbiose

König Alfred, würd ich sagen,
Braucht doch wirklich nicht zu kla-
gen;
Wer hat ihm zuvor im Leben,
So viel Hinwendung gegeben?

Hanswurst glaubt wohl unterdessen,
Ich hätt ihn jetzt ganz vergessen;
Nein, niemals könnt das geschehen,
Wird man sicher gleich verstehen.

Ja, ich seh ihn noch den Kleinen,
Freudig wedelnd mit den Scheinen;
Hier Ihr Geld! Sie können gehen,
Wir wolln Sie nie wieder sehen!

Und er grinste frech und rotzig,
Noch ergänzend hinterfotzig:
Nun, Sie werden trotz der Gaben,
Eine schlechte Nacht heut haben.

Richtig, sie war kein Vergnügen,
Dank der Niedertracht, der Lügen;
Dacht auch an vergangne Zeiten
Als Soldat, gedrillt zum streiten.

Stellt mir vor den Hanswurst dorten,
Hinter den Kasernenpforten,
Hätt er sich das rausgenommen,
Wär der heil'ge Geist gekommen,

Ihm gefahrn zwecks Symbiose,
Wie ein Blitz in seine Hose,
Um im Lichtkranz zu vereinen,
Alfred, Hanswurst, die zwei feinen.

Der »ehrbare« Kaufmann

Ein Kaufmann wollte ehrbar sein,
Nicht wahrhaft, sondern nur zum Schein;
Er dachte, wenn ich's scheinbar bin,
Verspricht das doppelten Gewinn.

Nach außen hin die Ehrbarkeit,
Sie schützt mich wie ein Panzerkleid;
Was ich dann im geheimen tu,
Das traut mir einfach keiner zu.

Wenn jemand schlecht gar von mir spricht,
So glaubt man ihm das sicher nicht;
Ich dreh den Spieß sogar noch um,
Das, was der andre macht, ist krumm.

Drum trat besagter Kaufmann ein,
In einen Ehrbarkeitsverein,
Die Vorbedingung war sein Geld,
Damit zeigt sich ein Mann von Welt.

Sein Handeln zahlte sich gut aus,
Er wurd belohnt mit viel Applaus
Und galt, ganz gleich, was er ersann,
Nun überall als Ehrenmann.

Der gemütskranke König

König Alfred, wie es heißt,
Überkam der heil'ge Geist,
Doch dies ist dem einst so Frommen,
Offenbar nicht gut bekommen,

Und in seinem Königshaus
Brach die Pest der Schweine aus.
Fragte man, was war geschehen?
Keiner konnte es verstehen;

Es war Ungerechtigkeit,
Die im Schloß sich machte breit;
König Alfred war da eigen,
Schaute zu, verhüllt in Schweigen.

Auch der Ritter Kunibert
Wurd im Königshaus entehrt,
Von des Königs Hofmarschallen,
Fand der König dran Gefallen.

Und so ließ er obendrein,
Dies war wirklich hundsgemein,
Wohl bekannt als hart gesotten,
Ritter Kunibert verspotten.

Doch der Ritter Kunibert
Griff nun diesmal nicht zum Schwert,
Sondern wollt mit Minnesingen
Alfred zur Vernunft noch bringen.

König Alfred gab nicht nach,
Doch das Singen machte schwach,
Hörte man im Schlosse munkeln,
Sein Gemüt würd sich verdunkeln.

Sah man ihn im Nachtgewand,
Weil er keine Ruhe fand,
Vor den Geistern, die ihn plagen,
Nächtens durch die Säle jagen.

Siehe da, sein heil'ger Schein
Wurde darauf winzig klein,
War alsbald dann ganz verschwunden
Und nie wieder aufgefunden.

Selbst der Ritter Kunibert,
Der nun auch davon gehört,
Hatte trotzdem mit dem armen
König Alfred noch Erbarmen.

War auch übervoll das Faß,
Er verspürte keinen Haß,
Und so hat er um zu beten,
Alfreds Schloß noch mal betreten.

Dafür, dass sein heil'ger Geist,
Später nicht zum Teufel reist,
Wünschte Alfred, dem einst Frommen,
In den Himmel noch zu kommen.

Der Spiegel

Eine Vielzahl der Gedichte
Führte uns nun zum Gerichte,
Weil sie einen König schmähn,
Muß ich leider anders sehn.

Würd den Spiegel man zertreten,
Der wohl dreist und ungebeten,
Zeigt der Dinge Wirklichkeit,
Ungeschminkt im Lauf der Zeit?

Ich beschreib, mag man auch klagen,
Alles, was sich zugetragen,
Bin nicht jemand, der verschweigt,
Sondern nur den Spiegel zeigt.

Allerdings hat dieser Spiegel,
Zum Verschlusse einen Riegel,
So, dass man was heut geschehn,
In der Zukunft kann noch sehn.

Und ich werde weiter schreiben,
Wollen wir im Bilde bleiben,
Wird der Spiegel aufgestellt,
Auch wenn's manchem nicht gefällt.

Glockenlänge für König Alfred

Heute las ich Gottfried Keller,
Langsam erst, dann immer schneller;
Wollte an den König denken,
Meine Blicke auf ihn lenken.

Sah der Dichter ein Gesicht,
Freudevoll zu deuten;
König Alfred war es nicht,
Hörte Glocken läuten.

Und da fing es sogleich an,
Ich hört Glockenklänge,
Für den guten, großen Mann,
Schreib ich gern Gesänge.

Sah ich wieder das Hotel,
König Alfreds Fahnen,
Wie verging die Zeit dort schnell,
Schwamm ich meine Bahnen.

Kam der König dann vorbei,
Herrlich anzuschauen,
Hört ich den Begeistrungsschrei
Von den schönen Frauen.

Und mit frischer Atemluft
Füllten sie die Brüste,
Welch ein wunderbarer Duft
Im Hotel der Lüste.

Als der König das gesehn,
Fing er an zu beben,
Blieb wie angewurzelt stehn,
Mög er lang noch leben!

Gekaufte Zeugen

Menschen, die das Recht gern beugen,
Hört ich, kaufen sogar Zeugen;
Es ist sicher nicht der Preis,
Doch die Sache wär schon heiß,

Zu viel Zeit ist jetzt vergangen,
Um damit noch anzufangen;
Hat man sich bisher geziert,
Wenn nun plötzlich aufmarschiert,

Eine dieser schönen Damen,
Mit mir unbekanntem Namen,
Die auch als ein Wellness-Gast,
Wurd von niemandem erfaßt,

Sollte sie nun vor mir stehen,
Hat mich auch noch nie gesehen;
Es wär dann doch ziemlich dumm,
Fiel die Dame vielleicht um.

Um den Fall noch zu erweitern,
Würd mich solche Show erheitern;
Nicht, daß ich sie mir erhoff,
Bleibt auch so genügend Stoff.

Der Beweis wider besseres Wissen

Betreff meiner Widerklage,
Stellte das Gericht in Frage,
Ob der Kläger in der Wut,
Ganz bewusst mir unrecht tut.

Mir nun müßte es gelingen,
Den Beweis dafür zu bringen,
Daß er wider bessres Wissen,
Ließ gezielt ans Bein mir pissen.

Nun, da frage ich beflissen,
Hat er überhaupt ein Wissen,
Wenn nein, wär das der Beweis,
Daß er auch nichts besser weiß.

Hätte deshalb vorzuschlagen,
Ihm die Verse vorzutragen,
Da ich recht ausführlich schrieb,
Damit zeigte, was er trieb.

Könnte er so wieder wissen,
Daß vom Affen er gebissen;
Daß, wer lügt, und dies vergißt,
Trotzdem noch ein Lügner ist.

Vor dem Fortgang der Geschichte,
Sollt er lesen die Gedichte,
Weil es auch nicht schaden kann,
Strengt man seinen Kopf mal an.

Hätt sie das Gericht gelesen,
Wär es wohl im Bild gewesen,
Denn sie geben den Beweis,
Dem, der wissen will, schon preis.

König Alfred und die Presse

Gäb der König im Beweis
Seine Dämlichkeit uns preis,
Wär das sicher ziemlich heiß,
Weil dann plötzlich jeder weiß,

Daß die Presse uns belügt
Oder er auch sie betrügt,
Weil man dort oft lesen kann,
Er wär so ein kluger Mann.

Für den König weiß ich Rat,
Wenn er's ohne Absicht tat,
Kann er es auch weiter tun,
Kräht doch ohnehin kein Huhn.

Für die Presse, denk ich mir,
Blieb da weniger Pläsier,
Zeigt sich, auch wenn sie jetzt muckt,
Sie lügt manchmal wie gedruckt;

Denn wer eine Zeitung liest,
Ohne Vorbehalt genießt,
Weiß nun, das ist recht gemein,
Es muß nicht die Wahrheit sein.

Der kann mich mal!

Man mußte einst für sein Vergehn
In jedem Falle gradestehn,
Sodaß Unwissenheit nichts nützt,
Weil sie nicht vor Bestrafung schützt.

Das war mit Sicherheit nicht schlecht,
Ein wohldurchdachtes gutes Recht,
Manch Lump der ging sonst straffrei aus,
Das Recht verspottend frech nach Haus.

Heut scheint man anders dies zu sehn,
Wie sonst wär es denn zu verstehn,
Daß eine Tat nicht mehr verdrießr,
Der Richter seine Augen schließt,

Und dabei ruhig konstatiert,
Daß ihn der Fall nicht interessiert,
Zumal der Täter nichts verliert,
Weil ihn kein bessres Wissen ziert.

Es ging nur um verletzte Ehr,
Das nimmt man wohl nicht mehr so schwer,
Denn Ehrgefühl ist unmodern,
Von unsrer Wirklichkeit recht fern.

So macht es richtig, wer nicht klagt,
Dem Ehrabschneider einfach sagt,
Du kannst mich mal, mich kannst Du nicht,
Drum brauche ich auch kein Gericht.

Den Anfängen wehren

Ich hab wirklich nichts dagegen,
Wenn, weil sie sich tüchtig regen,
Hier bei uns auch die Dämlacken
Sich die größten Brötchen backen.

Erst wenn sie sich nicht entblöden,
Uns beharrlich anzuöden,
Weil sie auch im Geistesleben
Nach der Anerkennung streben,

Wollt man gern auf sie verzichten,
Weil sie eben dort mitnichten,
Selbst, wenn wir es ihnen gönnen,
Eine Rolle spielen können.

Doch wenn sie, sich zum Entzücken,
Andre Menschen unterdrücken,
Sich das Recht dafür erkaufen,
Dann ist es etwas falsch gelaufen.

Wenn wir uns dem nicht erwehren,
Dürfen wir uns nicht beschweren,
Daß, wenn wir die Zukunft schauen,
Schwindet immer mehr Vertrauen.

Die königlichen Interessen

Öffentlich sich darzustellen,
Schätzt der König Alfred sehr,
Als ich wollt sein Tun erhellen,
Stellte er sich leider quer.

Forderte vom Landgerichte
Deshalb gleich sein Advokat,
Da der Schreiber der Gedichte
Keinen Rechtsgrund dafür hat,

Sie auch öffentlich zu zeigen,
Selbstverständlich ein Verbot,
Gibt es etwas zu verschweigen,
Hilft man sich so aus der Not.

Wär's nicht besser, mal zu fragen,
Wie man öffentlich es sieht,
Dort auch jene Wahrheit sagen,
Die der König Alfred flieht.

Darf man denn nur das berichten,
Was den Bockwurstumsatz hebt?
Sind tabu all die Geschichten,
Die der Gast am Hof erlebt?

Ob berechtigt sind Interessen,
Mag, was mich betrifft, man fragen,
Doch ganz sicher wär's vermessen,
Sie dem Volk zu untersagen.

Die königlichen Advokaten

Königliche Advokaten
Denkt man, würden gut beraten,
Doch den wirklich Oberschlauen
Sollte man nicht blind vertrauen.

Halten sich für wahre Größen,
Die dem Gegner Angst einflößen,
Um in meisterlichen Schreiben,
Diesen gründlich abzureiben,

Und mit lächerlichen Witzen
Ihren Geist dann zu verspritzen,
Müssen jedoch Sorge tragen,
Sich nicht selbst zu überschlagen.

Eben das ist jetzt geschehen,
Wird der König kaum verstehen;
Muß er sich nun ernstlich fragen,
Wurd nicht zu dick aufgetragen,

Und sich erst daran gewöhnen,
Seinen Gegner zu verhöhnen,
Ihn verleumden, klein zu mahlen,
Scheint sich hier nicht auszuzahlen.

Noch zeigt man sich nicht betroffen,
Kann wohl auf die Richter hoffen,
Bleibt, nur so vergeht das Lachen,
Diesen Fall publik zu machen.

Einen Orden für König Alfred

Irgendwann wird man sich fragen,
Sollt nicht König Alfred tragen,
Für Verdienste einen Orden,
Er ist doch recht alt geworden,

Und er gab mit offnen Händen
Immer wieder große Spenden;
Konnte so aus freien Stücken
Jene Menschen hoch beglücken,

Die im Ziele zwar verschieden,
Nämlich für den Seelenfrieden
Oder für den Kampf auf Erden
Ihm noch einmal nützlich werden.

Schließlich darf man nicht vergessen,
Er versorgte uns mit Essen,
Von HH bis Buxtehude
Überall die Würstchenbude.

Mag er sich auch wenig grämen,
Manche Menschen zu beschämen,
Oder sie gar treten lassen,
Sollt man nicht zu ernst auffassen.

Da gibt es ganz andre Sünden,
Die man auch nicht will ergründen,
Nein, wir wollen ihn nur loben,
Er schaffte den Weg nach oben,

Und so möchte ich vorschlagen,
Er soll einen Orden tragen,
Für Verdienste hier im Lande
Eine goldne Wurst am Bande.

Hotel Alfred im Regen

Hanswurst, König Alfreds Bester,
Stand vorm Hotel im Südwester,
Wartete auf all die Gäste
Für den Saal der großen Feste.

Mit dem Schirm und der Melone
Und dem Charme einer Zitrone,
Stand der König steif daneben,
Um die Ehre selbst zu geben,

Heute einmal seinen Gästen,
Wollte dabei gleichfalls testen,
Ob sein Anblick zum Entzücken,
Würde sie wohl sehr beglücken.

Spielte leise das Orchester,
Kam zuerst des Königs Schwester,
Lispelte, bei diesem Wetter,
Seid ihr meine Lebensretter.

Nur die Gäste, diese lieben,
Waren heute ausgeblieben,
Zu geschockt von den Berichten
Über Alfreds Hofgeschichten.

Hanswurst mit Alfred dem Frommen
Hatten sich herausgenommen,
Zu viel, brachte keinen Segen,
Standen beide nun im Regen.

Kalte Füße für König Alfred

König Alfred, sage, staune,
Hat in Hamburg die Posaune;
Ja, die gute Springerpresse
Liest ihm sogar eine Messe.

Sollten da, dem ach so Frommen,
Nicht auch manchmal Zweifel
kommen?
Vielleicht wär es gut gewesen,
In dem heil'gen Buch zu lesen.

Doch der König läßt posaunen,
Damit alle Leute staunen;
Seine großen Taten kennen,
Ihn den guten König nennen.

Steht im Buch, dass nicht die Weisen,
Sondern sich die Heuchler preisen 1)
Lassen von den Leuten allen,
So verliern das Wohlgefallen,

Und damit des Himmels Lohne,
Alfred beißt in die Zitrone;
Ebenso sollt er das Wissen
Um den Unrechten nicht missen.

In den Ofen ihn zu werfen, 2)
Das ist nichts für schwache Nerven;
Würd er kaum noch ruhig liegen,
Sondern kalte Füße kriegen.

1) Evangelium des Matthäus, Kap 6, Vers 2
2) Evangelium des Matthäus, Kap 13, Vers 41 u. 42

König Alfreds Büste

Unser Bockwurstkönig Kack,
Mit dem eleganten Frack,
Hatte eine Riesenbüste
Von sich im Hotel der Lüste.

Blieb ein jeder davor stehn,
Um den hohen Herrn zu sehn,
Auf dem Sockel beim Portale,
Neben dem geschmückten Saale.

Und trotz seinem heil'gen Geist
Blickte er verschmitzt und dreist,
Aber doch auch recht erhaben,
Reich gesegnet mit den Gaben,

Schaute er in diese Welt,
Von dem Künstler hergestellt,
So der Wirklichkeit enthoben,
Mußte man den Künstler loben,

Denn mit Hanswurst im Verein,
Trat hervor das wahre Sein,
Wie die Krone schnell verblasste,
Und man sah, dass sie nicht paßte,

Steckte in des Königs Frack
Nur der eitle Bürger Kack,
Mochte Hanswurst, ihm zum Nutzen,
Auch die Büste eifrig putzen.

Nein, der einst so schöne Schein,
Stellte sich nicht wieder ein;
Da geschah's, es fiel der Gockel,
Und zerbrach, von seinem Sockel.

König Alfred und sein Schwanz

Hanswurst der Hoteldirektor
Sieht sich als ein großer Mann,
Der mit Gästen seines Hauses,
Wie's ihm paßt, verfahren kann.

Kritisches dort anzumerken,
Das steht keinem Gaste zu,
Da springt Hanswurst aus der Hose,
Schließlich will er seine Ruh.

Ja, in einem solchen Falle,
Dient das Mittel nur dem Zweck,
Tritt er auch des Gastes Ehre
Ganz genüsslich in den Dreck.

Und der gute König Alfred
Schenkt ihm dabei sein Vertraun,
Leider, leider, er verkündet,
Muß er auf den Hanswurst baun.

Selbst mit seinem Gast zu sprechen,
Würd den König doch nur störn,
Majestät ich bitt Sie deshalb,
Einmal folgendes zu hörn:

Der Fisch, der stinkt vom Kopfe her,
Deshalb werd ich mitnichten,
Die Worte, die für Sie bestimmt,
An Ihren Schwanz erst richten.

König Alfred im Dreck

Alfreds Anwalt hat 'ne Brust,
Er verspürte wieder Lust,
Schamlos sich an mir zu reiben,
Um Moneten einzutreiben.

Schrie er diesmal ziemlich keck,
Ich zög Alfred in den Dreck,
Und vergaß dabei ganz trutzig,
Machte der zuvor sich schmutzig.

Auch daselbst ein guter Ruf,
Den man sich mit Mühe schuf,
Sollte nur solange halten,
Wie man Lauterkeit läßt walten.

Wär er nicht der erste Mann,
Der ganz oben kam schon an,
Um nach Bosheit und Intrigen
Auf die Nase noch zu fliegen.

So wie's dort im Hause lief,
Liegt der König Alfred schief,
Wenn er meint, zum guten Ende,
Wäscht in Unschuld er die Hände.

Kennt er doch wohl die Geschicht,
Über die man heut noch spricht;
Auch Pilatus, möcht ich wetten,
Konnt so einfach sich nicht retten.

Der Ruf des Hotel-Alfred

Es war auch der gute Ruf,
Den sich Hotel-Alfred schuf,
Weshalb ich dort gern verweilte
Und nicht stracks vorübereilte.

Denn ein Haus, das zweifelhaft,
Seiner Gäste Gelder rafft,
Könnte ich niemals betreten,
Nicht mal, würd ich drum gebeten.

Gleichwohl, beim verrufnen Haus
Machte es so viel nicht aus;
Lügen, die von dorther kämen,
Niemand würde ernst sie nehmen.

Jedoch sei davor gewarnt,
Wenn der gute Ruf nur tarnt
Übles, was dahinter steckt,
Es verschleiernd gut verdeckt.

Wie man es vom Adel weiß,
Gibt der sich dem Tadel preis,
Fühlt er sich nicht mehr verpflichtet,
Wird der gute Ruf vernichtet.

Die zeugungsunfähige Zeugin

Als der Hanswurst mich gefeuert,
Hat er damals fest beteuert,
Es ging hier um eine Frau,
Die ihm schilderte genau,

Daß ich hätt sie angesprochen;
Drum hat er mit mir gebrochen,
Denn in einem Grandhotel,
Spricht sich so was rum sehr schnell,

Und dem König, sonst nicht kleinlich,
Wär die Sache äußerst peinlich,
Fürchtet um den guten Ruf,
Den er sich so mühsam schuf.

Deshalb müßt ich leider gehen,
Dies auf Nimmerwiedersehen;
Ich fragt', wie die Dame heißt,
Hat mich Hanswurst abgespeist;

Wollt den Namen mir nicht nennen,
Würd die Frau wohl auch kaum ken-
nen,
Hätt sie trotzdem gern gesehn,
Wär zum Abschied doch recht schön.

Könnt sie mir dann offen sagen,
Was sich hat da zugetragen,
Doch wenn sie nicht zeugen kann,
Ist sie vielleicht gar ein Mann?

<u>Geist in Tüten</u>

Frohgelaunt und frischen Mutes
Tat der König so viel Gutes,
Daß man sagte, diese Güte
Geht bestimmt in keine Tüte.

Und so ist es auch gewesen,
Man konnt in der Zeitung lesen,
Daß die Tüten aller Klassen,
Könnten nicht die Güte fassen,

Die, wie man herausgefunden,
Wär mit heilgem Geist verbunden,
Und daran muß es wohl liegen,
Ihn in Tüten reinzukriegen,

Wäre gar nicht auszudenken,
Sonst könnt man den Geist verschenken;
Dieser heilge Geist in Tüten
Triebe sonderbare Blüten,

Landet er in falschen Händen
Könnte er selbst böse enden,
Und er soll doch von dem Bösen
Grade diese Welt erlösen.

Die Sterne

Alfred K. stand auf der Leiter
Oben, es ging nicht mehr weiter,
Hanswurst dachte, das wird heiter,
Wenn er runterfällt, dann schreit er.

Alfred konnt genug nicht kriegen,
War schon mal zu hoch gestiegen,
Dann mit einem lauten Knallen
Ganz schön auf den Bauch gefallen.

Doch er hatte sich erhoben,
Und nun stand er wieder oben,
Blickte weit, weit in die Ferne,
Sah am Himmel all die Sterne.

Würd er noch mal danach greifen,
Hanswurst fing laut an zu pfeifen,
Wollt den Alfred nicht erschrecken,
Ihn nur aus den Träumen wecken.

Pfiffig war Hanswurst mitunter,
Alfred kam zu ihm herunter,
Wurde so, zumindest heute,
Nicht des Wahnsinns fette Beute.

Doch sein Hanswurst hatte Sorgen,
Denn er dachte schon an morgen,
Alfred würde nicht gescheiter,
Fällt erneut dann von der Leiter.

Das Ding an sich

Hanswurst wurde in der Liebe
Stets ein Spielball seiner Triebe,
Hat in diesem Triebgeschehn
Fraun als Freiwild angesehn.

Dadurch häuften sich die Klagen,
Hanswurst würd den Fraun nachjagen,
So was spricht sich rum sehr schnell,
Könnte schaden dem Hotel.

Hanswurst mußt zu Alfred kommen,
Der hat ihn zur Brust genommen,
Er wurd laut und rief sodann:
Was ist los mit Dir? Sag an!

Hanswurst nun wußt seine Sünden
Philosophisch zu begründen,
Sprach: Es ist das Ding an sich,
Das bedrängt ganz speziell mich;

Deshalb ist für mein Entgleisen
Ihm die Schuld auch zuzuweisen.
Hatte Hanswurst da nicht recht?
Seine Antwort war nicht schlecht.

Konnt man ihm sein Tun verübeln?
König Alfred kam ins Grübeln,
Und befaßt sich inniglich
Jetzt mit diesem Ding an sich.

Das Ding im speziellen

Für Alfred war es fürchterlich,
Er wollte sich das Ding an sich
Nun vor sein geistges Auge stellen
Und sah es immer im speziellen.

Vor allem war es Hanswursts Ding,
An dem er in Gedanken hing,
Wie sollt vorbei an diesem großen
Er da zum Ding an sich vorstoßen?

Und Hanswursts Ding war ihm vertraut,
Er hatt' es so oft angeschaut,
Doch so ein Ding im allgemeinen
Trägt niemand zwischen seinen Beinen.

Gefragt war Alfreds Phantasie,
Viel hatte er davon noch nie,
Er konnte sicher praktisch denken,
Im übrigen es sich doch schenken.

So dachte er auch jetzt: An sich
Ist es falsch, ich quäle mich,
Wollt das Ding an sich erhellen,
Bleib doch lieber beim speziellen.

Alfred K. saß auf dem Muli,
Schrieb mit seinem Tintenkuli
Auf die Karte für zu Haus:

Rosamunde, süße Maus,

Ich muß immer an Dich denken,
Würd Dir so gern etwas schenken,
Doch stattdessen sitz ich hier
Auf dem Muli, fern von Dir.

Dies ist wahrlich kein Vergnügen
Ich hab mich darein zu fügen,
Denn ich will ja etwas sehn,
Und es fehlt die Lust zum Gehn.

Davon werd ich Dir berichten,
Sodann auch von den Geschichten,
Die mit Hanswurst ich erlebt,
Dieser Gute ist bestrebt,

Mir den Mißmut zu vertreiben,
Solang ich Dir fern muß bleiben;
Du fehlst mir, das ist kein Schnack,
Bis auf bald,
          Dein alter Kack.

Fräulein

Rosamunde

c/o Hotel-Alfred

H a m b u r g o

ALEMANIA

Advokat in Dunkelkammer

Alfreds Advokat, ein strammer,
War in dessen Dunkelkammer,
Fiel ihm auf den Kopf ein Hammer,
Und man hörte sein Gejammer.

Fing der König an zu fluchen,
Was hat der denn auch zu suchen
In des Königs Dunkelkammer,
Und dann auch noch das Gejammer.

Das kann ich wohl leicht erklären,
Wußte Hanswurst zu belehren:
Recht gesehn im rechten Lichte,
Wär ein Nachteil bei Gerichte.

Deshalb müßt man es verstecken,
In geheimen dunklen Ecken;
Sprach der König: So gesehen,
Kann den Anwalt ich verstehen.

Sage ihm, das ginge schneller,
Ich weiß ein Versteck im Keller,
Mit den Gläsern, unsren großen,
Wolln wir dann auf's Recht anstoßen.

Der große Turner

Alfred sprach: Ich turn allein,
Besser wär's im Turnverein,
Könnte dann den andern Greisen
Sicher noch die Richtung weisen.

Beispielsweise an dem Reck,
Wenn ich meine Beine streck
Und dann bei dem großen Schwunge
Auch noch raussteck meine Zunge.

Oder aber auch beim Bock,
Den ich meisterhaft ad hoc,
Aus dem Stand kann überspringen,
Das soll denen erst gelingen.

Auch, wenn ich ganz ohne Hast,
Zweimal überschlag mich fast,
Bei dem Abgang von dem Barren
Wird vor Ehrfurcht man erstarren.

Ganz zu schweigen auch vom Tanz,
Wenn mit größter Eleganz
Ich beschwingt dreh meine Kreise,
Wird's in jedem Saal ganz leise.

Bei dem, was ich alles kann,
Führ ich jede Riege an,
Lande stets auf ersten Plätzen,
Könnte Vater Jahn ersetzen.

Pyramide für König Alfred

Hanswurst, laß jetzt alles liegen,
Wir wolln nach Ägypten fliegen;
Pack die kleinen Koffer nur,
Start ist morgen Punkt sechs Uhr.

Hanswurst sagte zwar zum Fliegen
Würd man ihn nie wieder kriegen,
Zog dann an die Gummihos
Und flog mit dem König los.

Pyramiden wollt man schauen,
Um sie später nachzubauen,
Möglichst in der Innenstadt,
Daß Alfred ein Grabmal hat,

Wie man es noch nie gesehen,
Wundervoll sollt es entstehen;
Sie warn auch am Sarkophag
In dem Tut-ench-Amun lag,

Und auch den, mit Löwenklauen,
Wollt sich König Afred bauen;
Dann zum Abschluß gings zum Nil,
Hanswurst sah ein Krokodil,

Das dacht, Hanswurst wär ein Happen,
Müßt ich mir als Mahlzeit schnappen,
Doch der König zog ihn fort,
Und so kam es nicht zum Mord.

Nun konnt man es kaum erwarten,
Richtung Deutschland rasch zu starten;
Dort verleiht der Sache Schwung
Dann die Baugenehmigung.

König Alfred in der Kur

König Alfred, hoch in Jahren,
War nun doch zur Kur gefahren,
Und er schrieb jetzt einmal mehr,
Lieber Hanswurst Du fehlst sehr.

Mich quält schon die Langeweile,
Es fehlt vom Hotel die Eile,
Dort vergeht die Zeit so schnell,
Und hier tret ich auf der Stell.

Der Masseur drückt nach dem Baden,
Allzu kräftig auf die Waden,
Er zieht mir die Arme lang,
Die Behandlung macht mich krank.

Auch im Speisesaal das Essen,
Kann man wirklich gern vergessen,
Jeden Tag ein schlimmer Fraß,
Das macht wirklich keinen Spaß.

Wenn ich dann spazierengehe,
Ob ich schon Gespenster sehe,
Mich verfolgt rund um die Uhr
Stets ein Schatten bei der Kur.

So zähl ich jetzt schon die Tage
Bis zum Abschluß dieser Plage,
Lieber Hanswurst harre aus,
Recht bald komme ich nach Haus.

Alfred der Lattenkönig

Alfred feiert weiter Siege
Innerhalb der Damenriege
Und er ist kein Notbehelf
In der Fußballdamenelf.

Auch, wenn er das Glück nicht hatte,
Meistens traf er nur die Latte,
Warn die Damen nicht erbost,
Spendeten dem Alfred Trost.

Landest Du auch keinen Treffer,
Deine Schüsse haben Pfeffer,
Und Dein Ansporn, Deine Kraft,
Führen uns zur Meisterschaft.

Solchen sportlich schönen Rahmen,
Findet man nur bei den Damen,
So kam's, dass er's noch genoß,
Wenn er an die Latte schoß.

Denn die Damen sind gekommen,
Haben ihn beim Arm genommen,
Auf die Schultern ihn gesetzt,
Mit ihm um den Platz gewetzt.

Riefen, hoch soll Alfred leben,
Traf erneut die Latte eben,
Alfred, der kriegt keinen rein,
Er soll Lattenkönig sein.

Die Motorradfahrer

König Alfred hat gespart,
Auf ein neues Motorrad;
Sprach zu Hanswurst, laß uns denken,
Wer gibt Gas und wer soll lenken.

Hanswurst drauf: Ich hab gedacht,
Wenn es Ihnen Freude macht,
Sollten Sie das Rad schon lenken,
Ich würd mich auf's Gas beschränken.

Denn Sie haben doch im Leben
Oft genug schon Gas gegeben.
Ja, so wollen wir es machen,
Fahren dann mit achtzig Sachen,

Stets im Überholverkehr
In der ganzen Stadt umher,
Schaffen dabei, wenn wir wollen,
Auch gleich die Geschäftskontrollen.

Und mit einer Klappe wieder,
Schlagen wir drei Fliegen nieder,
Haben Spaß und sparen Kräfte
Und erledigen Geschäfte.

Alfred K. denkt weiter

Der Alfred K., er dachte weiter,
Beim Militär würd ich Gefreiter,
Deshalb geh ich erst gar nicht hin
Und mach stattdessen gleich Gewinn.

Laß doch die andern gerne laufen,
Da kann ich Würstchen schon
verkaufen,
Und ist für die der Wehrdienst aus,
Hab ich bereits mein erstes Haus.

Da wurde Alfred K. sehr heiter,
Er war doch wirklich viel gescheiter
Und würde, das schien ganz normal,
Einmal der Würstchengeneral.

Als andere noch Achtung schrien,
Da hatte er schon Kompanien
Für Produktion und Wurstverkauf,
Jetzt drehte er erst richtig auf.

Es folgten seine Bataillone,
Er träumte von der Königskrone,
Und heute, wo ihn jeder kennt,
Hat er ein ganzes Regiment.

Er nahm auch noch die letzte Hürde,
Erfreut sich nun der Königswürde
Und sagt, ein König steht nun mal
Weit über einem General.

Was will Alfred mit der Kerze?

Auf dem Haupte diese Kerze,
War der Grund für viele Scherze;
König Alfred ist schon eigen,
Doch was soll die Kerze zeigen?

Um den Advent zu verkünden,
Könnt er sie doch gern entzünden,
Oder auch beim Osterfeuer,
Vielleicht wird ihm das zu teuer,

Es ist seine Furcht im Dunkeln,
Hörte man die Leute munkeln,
Fällt der Strom aus, in der Schnelle
Hat er so die eigne Quelle.

Nun, dann braucht er einen Dimmer
Für die Kerze ohne Schimmer;
Vielleicht hilft sie auch dem Alten,
Sich schön grade noch zu halten.

So bleibt für die Zukunft offen,
Und man kann nur weiter hoffen,
Wird sie oder wird mitnichten,
Sie den König einst belichten.

Alfreds Danksagung

Alle die Beteuerungen, *
Haben wundervoll geklungen,
Und so darf man wohl erwähnen,
Alfred kämpfte mit den Tränen.

Und er sprach: Kommt auf den Rasen
Vorm Hotel, ich möcht Euch blasen,
Eines meiner schönsten Lieder,
So ein Tag kommt nie mehr wieder.

Damit möcht ich Dank Euch sagen,
Für das, was Ihr vorgetragen,
Ihr habt recht, im Zeitgetriebe
Ist das Schönste unsre Liebe.

In der Zeitung konnt man lesen,
Ein Ereignis ist's gewesen,
König Alfred hat geblasen,
Vor dem Hotel auf dem Rasen.

Er der große Virtuose
Fand jetzt auch die Symbiose,
Zwischen den verschiednen Tönen,
Mög er weiter uns verwöhnen.

Er versetzt mit seinem Blasen
Seine Hörer in Ekstasen,
Und er sagt, es ist die Liebe,
Die ihn zur Vollendung triebe.

* Sh. Band II »Alfred und die Liebe«, Seite 53

Alfredius und Hanswurstus

Alfred liebte die Berichte
Über römische Geschichte,
Hatte daran soviel Spaß,
Daß er fast die Zeit vergaß.

Und die Römer, sie bekamen
Auch so wunderbare Namen,
Hießen statt August, Augustus,
Franz den nannte man Franziskus.

Die den König näher kennen,
Sollten ihn nicht Alfred nennen,
Für den Hanswurst war's ein muß,
Ruf mich nur Alfredius.

Nein, Du brauchst nicht erst zu fragen,
Ich werde Hanswurstus sagen,
Wurstus Hans wär auch ein Clou.
Aber das entscheidest Du.

Die römische Periode,
Kam dann schließlich aus der Mode,
So sind wieder ab sofort
Alfred, Hanswurst hier vor Ort.

Der Fettwanst

Als der Hanswurst nicht mehr rauchte,
Rief der König, der Erlauchte:
Hanswurst, das ist sehr gesund,
Doch Du wurdest dick und rund.

Du mußt weniger jetzt essen,
Komm, wir wollen einmal messen,
Daß Du's weißt, ein fetter Bauch,
Schadet der Gesundheit auch.

Nach dem Messen wurd gewogen,
Mein Gefühl hat nicht getrogen,
Sprach der König, wie kann's sein,
Du wiegst mehr schon als das Schwein,

Das wir derzeit grade mästen,
Für das Mahl von unsren Gästen;
Doch es ist noch nicht zu spät,
Sofort kommst Du auf Diät.

Du brauchst kein Gesicht zu machen,
Dieser Fall ist nicht zum Lachen,
Überhaupt, wie sieht das aus,
So ein Fettwanst hier im Haus.

Nun, das hatte wohl gesessen,
Hanswurst hat es nicht vergessen,
Nach zehn Wochen voller Qual,
War sein Umfang fast normal.

König Alfreds Laster

König Alfred hat ein Laster,
Das ist Skatspieln und Kanaster,
Und er sagt, daß grade Skat,
Es so richtig in sich hat.

Jenes »etwas in sich haben«,
Gehört auch zu seinen Gaben,
Daher kam's wohl, irgendwann
Zog ihn dieses Spiel so an.

Es zeigt sich doch schon beim Reizen,
Braucht er dort noch hier zu geizen,
Und im Reizen liegt bereits,
Für ihn selbst ein großer Reiz.

Ebenso das Kontrageben,
Ist geradso wie im Leben,
Und er gibt nur allzu gern
Kontra, Damen wie auch Herrn.

Ja, man kann um Geld auch spielen
Und Gewinne so erzielen,
So spielt Alfred oft und smart
Mit der Tante Hildegard.

Hildegard, ganz ohnegleichen,
Zählt auch zu den wirklich Reichen,
Kommt sie, ist ihr Beutel schwer,
Geht sie, ist er leicht und leer.

König Alfred ist begeistert,
Wenn er so sein Tantchen meistert,
Zieht er ihr die Hosen aus,
Kommt der Alfred richtig raus.

Der Laster des Königs

Alfred hat auch einen Laster,
Darin fährt er seinen Zaster
Jede Woche hin zur Bank,
Denn dort steht sein Panzerschrank.

Hanswurst trägt dann die Pistole,
Zur Bewachung all der Kohle,
Meinte, damit schieß ich schnell,
Jeden weg vom Fahrgestell,

Der sich anmaßt, was zu stehlen,
Alfred braucht sich nicht zu quälen,
Denn für seine Sicherheit,
Halt ich immer mich bereit.

Alfred weiß das sehr zu schätzen,
Er sagt, die Verbrecher wetzen,
Wenn der Hanswurst mit dem Colt,
Tut als ob er schießen wollt.

Und sein Hanswurst der verblüffte,
Schießt auch sicher aus der Hüfte,
Selbst den Sheriff, der war platt,
Als er das gesehen hat.

König Alfred ist zufrieden,
Daß ihm dieses Glück beschieden,
So verlieh er Hanswurst gern,
Einen großen Sheriffstern.

Hanswurst international

Hanswurst, der ist aufgeweckt,
Kann das Englische perfekt;
Neulich hörte Alfred zu,
Hanswurst sprach: How do you do.

Hanswurst drauf, I help you gern,
God bless me and meinen Herrn,
You are king, I am the star,
This is very wunderbar.

You are welcomed hier als Gast,
Wenn Du enough money hast;
Alfred war des Lobes voll,
Hanswurst, Du machst das schon toll.

Außerdem, well, you should know,
Mein französisch ist 'ne show,
Und mein König, si tu veux,
Ich kann gleich parler un peu.

Hanswurst, das ist wunderschön,
Doch ich kann Dich nicht verstehn;
Ganz allein hab ich entdeckt,
Was in diesem Hanswurst steckt.

Der leidenschaftliche Hanswurst

Was lange währt, wird endlich gut,
Doch bei Hanswursts Übermut,
Wollte nichts sehr lange währen,
Alfred mußt noch mal erklären:

Hanswurst, Deine Leidenschaft
Ist es, die auch Leiden schafft,
Was mir überhaupt nicht paßt,
Wenn Dein Leiden mich erfaßt.

Also Hanswurst, hör gut zu,
Unsre Zofen sind tabu,
Sollst nicht mit der Liebe spielen,
Wend Dich zu den hehren Zielen.

Schau Dir Deinen König an,
So ein ehrenvoller Mann,
Solltest Du auch einmal werden,
Daß man von Dir spricht auf Erden.

Denk, daß meinen heilgen Geist
Man schon in der Zeitung preist,
Und bei Dir die Symbiose,
Sitzt noch immer in der Hose.

Also Hanswurst, raff Dich auf,
Laß dem Ding nicht freien Lauf,
Du mußt Deinen König ehren
Und nicht mit dem Volk verkehren.

König Alfreds Platz

Alfred K. war sehr bekannt
In dem großen deutschen Land,
Zählte dort mit seinen Würsten
Bald zu den Ernährungsfürsten.

Hamburg war sein Hauptstandort,
Und Beachtung fand sein Wort,
Wurd gedruckt in Lettern, fetten
In den Springerhauptgazetten.

Stieg im weiteren Verlauf
So zum König Alfred auf;
Ja, es ist nicht übertrieben,
Wurde heilig dort geschrieben.

Eines hat trotzdem gefehlt,
Ihn den König sehr gequält,
Daß die Straßen nicht bekamen
König Alfreds großen Namen.

Und so machte er Rabatz,
Denn zumindest einen Platz
Sollte man nach ihm benennen,
Seine Leistung anerkennen.

Wird gehört nicht sein Gesuch,
Hoff ich, daß mein kleines Buch
Gibt dem königlichen Namen
Unvergeßlich einen Rahmen.

Wo blieb Alfreds heilger Geist?

König Alfred war zumeist
Stolz auf seinen heilgen Geist,
Den man ihm wohl übertrieben,
In der Zeitung zugeschrieben.

Wenn man jemand derart preist,
Kann jedoch ein solcher Geist,
Im Verlaufe hier auf Erden,
Doch schon etwas peinlich werden.

Nämlich, wenn aus heilger Sicht,
Jemand mit dem Anstand bricht,
Um dem reinen Heilserleben
Kräftig einen Tritt zu geben.

Was war mit dem König los,
Weshalb stellte er sich bloß,
Er, der sonst galt als gerieben,
Wo war nur sein Geist geblieben?

War verschwunden wohl sein Heil,
Unbekannt in aller Eil?
Ich nehm an, sein heilger Geist,
Machte Urlaub, war verreist.

Beischlaf mit Alfred

Abends geh ich, oh wie nett,
Mit dem Alfred in mein Bett,
Denk an ihn im Nachtverlauf
Und wach morgens mit ihm auf.

Alfred, der erzählt mir meist,
Gern von seinem heilgen Geist,
Wie er plötzlich zu ihm kam,
Das war wirklich wundersam.

Über einen Journalist,
Den er deshalb nicht vergißt,
Alfred konnte nichts dafür,
Stand der Geist vor seiner Tür.

Und wie dann die Zeitung schrieb,
War der Alfred ja so lieb,
Daß der Geist nicht mehr verschwand,
Sich mit Alfred fest verband.

Auch am Tag, wie kommt das bloß,
Läßt der Alfred mich nicht los,
Spricht von seinem Heilgenschein
Und von seinem Königssein.

Von dem Einfluß in der Stadt,
Weil er gute Freunde hat,
Kann er machen was er will,
Halten selbst die Richter still.

Denn ein Mann hoch auf dem Thron,
Gibt nun einmal an den Ton;
So ist ihm sehr angenehm,
Unser schönes Rechtssystem.

Legte man ihm in den Mund,
Alfred gibst Du Böses kund,
Trägt die Schuld der heilge Geist,
Weil Du es nicht besser weißt.

Nahet nun die Abendzeit,
Tut mir Alfred richtig leid,
Denn ganz plötzlich ist er fort,
Ohne jedes Abschiedswort.

Doch er ist darauf bedacht,
Mir zu sagen gute Nacht,
Ist wie üblich wohl so nett
Und begleitet mich ins Bett.

Advokat mit Feile

Alfred und sein Advokat
Dichten beide mit Format,
Wie mit Pegasuses Schwingen,
Wollen sie es weit noch bringen.

Und der Advokat, er spricht:
Oh, ich hasse ein Gedicht,
Wenn das Versmaß ist nicht stimmig,
Werd ich wütend, werd ich grimmig.

Deshalb dicht ich mit Bedacht,
König Alfred hat gelacht,
Weil ich immer wieder feile,
Gründlich und an jeder Zeile.

Doch ich fühl mich in der Pflicht,
Wird auch fertig kein Gedicht,
Es heißt stets, gut Ding hat Weile,
Deshalb bitte keine Eile,

Nur der Vers aus einem Guß,
Bietet wirklichen Genuß;
Also werd ich weiter feilen
Und mich keinesfalls beeilen;

Was kam nun dabei heraus?
Man hält es im Kopf nicht aus,
Anwalt Schnurz schreibt mittlerweile
Nur noch über sein Gefeile!

Kanonade von Schnurz

Schnurz meint, mit des Königs Furzen
Zög ich ohnehin den Kurzen,
Erstens wär die Sache fade,
Zweitens auch die Zeit zu schade,

Um mit dem sich zu befassen,
Was sein Herr würd fahren lassen.
Deshalb wär es für mich besser,
Ich verließe dies Gewässer.

Hin zu jenen reinen Lüften,
Fort von König Alfreds Düften,
Denn sonst könnte er beschließen,
Wieder mal auf mich zu schießen,

Und zwar zur Totalblockade
Eine ganze Kanonade;
Nun, ich laß mich nicht verdrießen,
Soll er mit Kanonen schießen;

Sicher wird des Schnurzes Feuer
Noch für seinen König teuer,
Denn ich schreib darauf dann grade,
Eine deftige Ballade.

Advokatenkleinformat

König Alfreds Advokat
Mit dem Bildungskleinformat,
Hat mir gar nicht übertrieben,
Geistig sehr beschränkt geschrieben:

Wolln Sie Ihre Wirklichkeit,
Weiter im Verlauf der Zeit, 1)
König Alfred überbringen,
Wird es Ihnen nicht gelingen,

Bei ihm den Erfolg zu sehn,
Denn er kann Sie nicht verstehn;
Mögen Sie auch noch so streben,
Es wird keinen Beifall geben. 2)

Bleibt für Sie aus der Gewinn,
Macht die Mühe keinen Sinn, 3)
Und Sie sollten nicht vergessen,
Wert ist nur in Geld zu messen.

Advokatenwirklichkeit,
Deshalb stehe ich bereit,
Eben gegen das Verderben,
Dargestellt in »Adolfs Erben«. 4)

Es zählt meine Wirklichkeit,
Auch wenn Alfreds Anwalt schreit,
Freier Geist läßt sich nicht beugen,
Wahrheit, sie kann überzeugen.

1)-3) sh. H. Scheurer »Erlebnisse im Hotel« Band I, S. 22
4) sh. »Adolfs Erben«, Band II. S. 71

König Alfreds Markenzeichen

König Alfreds Markenzeichen
Wurd der Starrsinn sondergleichen,
Und das Schlechte daran war,
Alfred konnt nicht denken klar,

Denn die Starre der Gedanken
Hält sie selbst in engen Schranken;
Sie beflügeln sich nicht mehr,
Und der Kopf wird langsam leer.

Manchmal drehn sie sich im Kreise,
Man sagt dann, der hat 'ne Meise,
Ganz so weit ist es noch nicht,
Denn der König Alfred spricht:

Leider, leider; leider, leider
Bin ich noch nicht aus dem Schneider,
Weil ich wie ich will nicht kann,
Das hört hoffnungsvoll sich an;

Hört er wohl die Glocken läuten?
Müßt noch mal zum Therapeuten,
Schön wärs, schiebt der irgendwann
Alfreds Denken wieder an.

König Alfred beim Munkeln

König Alfred sagt: Beim Saunen
Würden alle Damen staunen,
Wenn er seine Krone trägt
Und sich auf die Holzbank legt.

Er ist froh, daß dort im Dunkeln
Edelsteine nicht so funkeln,
Etwa wie im Sonnenlicht,
Denn das Helle mag er nicht.

Und auf Ehre und Gewissen
Würd er deshalb auch nicht missen
Den berühmten Heilgenschein,
Der verklärte einst das Sein.

Saunen mag er nur im Dunkeln,
Denn da läßt es sich gut munkeln,
Und das Munkeln, wie man weiß,
Macht den Alfred richtig heiß.

So wird wohl im Dunkeln bleiben,
König Alfreds schändlich Treiben,
Doch aus Fairneß sei gesagt,
Damen haben nicht geklagt.

Frühlingsduft

Alfred K. sprang in die Luft,
Denn er roch den Frühlingsduft,
Sprach zu Hanswurst, komm hinaus,
Atme ein und dann tief aus.

Pump Dir Deine Lunge voll,
Diese Luft ist einfach toll
Und dazu noch kostenlos,
Ach mein Hanswurst, atme bloß.

Laß uns in den Schloßpark gehn,
Wo die bunten Blumen stehn,
Hörn wir auch den Vogelsang,
Welch ein zauberhafter Klang.

Schau nur Hanswurst, über Nacht
Ist der Frühling aufgewacht;
Hanswurst dachte, das ist fein,
Hoffentlich schläft er nicht ein,

Vielleicht in der nächsten Nacht,
Dann hätt man zu früh gelacht;
Alfred wieder, atme nur
Hanswurst tief ein die Natur.

Hanswurst dachte, wirklich toll,
Gleich hab ich die Nase voll,
Und er sprach, es tut mir leid,
Aber leider drängt die Zeit.

Ja, ich faß es selber nicht,
Hörn Sie nur, es ruft die Pflicht,
So verstehn Sie, wenn ich bitt,
Atmen Sie gleich für mich mit.

Der geile Alfred

Alfred K., man liebt ihn fast,
Weil er in die Zeit gut paßt;
Sein Konterfei im Tageblatt,
Stets lächelnd und dabei aalglatt.

Was Alfred groß macht, ist sein Geld,
Dadurch wurd er ein Mann von Welt,
Und der Erfolg, der gibt ihm recht,
Behandelt er die Leute schlecht,

Dann kauft er sich den Heilgenschein
Und tritt dem Nächsten gleich ans Bein;
Trifft man den Alfred vor Gericht,
Fällt aus das Urteil einfach, schlicht.

Wenn jemand so viel Gutes tut,
Ziehn auch die Richter ihren Hut,
Und schließlich geht es um den Ruf,
Den Alfred mit dem Geld sich schuf.

Da wär es ganz und gar nicht nett,
Wenn der jetzt eine Delle hätt,
Deshalb sagt Alfreds Advokat,
Hier hilft ihm stets mein guter Rat,

Und meint, daß er so richtig liegt,
Wenn er genußvoll Recht verbiegt.
Der Alfred ist ein großer Mann,
Der aus Unrecht, Recht machen kann.

So einer ist doch wunderbar,
Beinahe schon ein Superstar,
Man sagt zu ihm zwar nicht gut Heil,
Dafür dann, Alfred der ist geil.

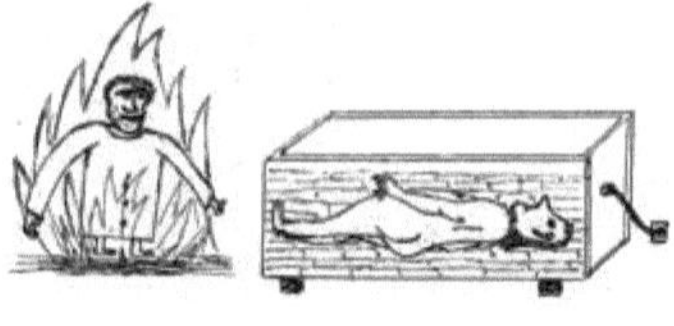

<u>Feuer oder Eis?</u>

Alfred findet keine Ruhe,
Soll er in die Tiefkühltruhe,
Wenn es hier zu Ende geht,
Damit er mal aufersteht?

Irgendwann zu spätren Zeiten,
Wird die Medizin fortschreiten,
Die erwecken und ihn dann
Aus der Truhe holen kann.

Doch er kämpft noch mit Gefühlen,
Die im Innern ihn aufwühlen,
Wenn die Seele miteinfriert
Und dabei die Kraft verliert,

Bleibt der Körper trotz der Fülle
Eine seelenlose Hülle;
Andrerseits, so fällt ihm ein,
Dürft es auch nicht lustig sein,

In das Feuer zu geraten,
Wo zur Läutrung Seelen braten,
Das man Fegefeuer nennt,
Dessen Wirkung niemand kennt.

So ist Alfred ohne Wissen
Ständig hin und her gerissen
Zwischen Feuer, brennend heiß,
Und der Kälte auf dem Eis.

Die Macht der K.'s

Wenn wir uns dem K. ergeben,
Ins Bewußtsein nicht erheben,
Was sich anmaßt so ein Mann,
Ist es soweit, irgendwann

Dürfen wir hier nichts mehr sagen,
Und es hilft dann auch kein Klagen,
Wie man heut schon sehen kann,
Jedenfalls so ab und an.

K.'s, sie werden sich vereinen,
Unbezwingbar uns erscheinen,
Wer nicht schweigt und sich nicht duckt,
Wird von ihnen angespuckt.

Kann sich dabei glücklich preisen,
Wenn die K.'s ihm nicht beweisen,
Daß nach diesem ersten Schritt
Folgt, wenn nötig, dann ein Tritt,

Der entsprechend angemessen,
Wird im Leben nicht vergessen,
Weil ein K., dank seiner Macht,
Jeden anderen verlacht.

Pillen gegen freien Willen

K. und seine Advokaten
Hatten wieder sich beraten,
Thema: Die Entmündigung,
Hielt die Herren noch in Schwung.

Damals in vergangnen Jahren
War man damit gut gefahren,
Sie war als ein Instrument
Doch so einfach und patent,

Um den, man sprach von Bazillen,
Schnell zu nehmen ihren Willen;
Heute nun ging das Gericht
Nicht konform mit dieser Sicht.

Deshalb mußte man neu denken,
Um den Willen zu beschränken,
Und die Lösung, die man fand,
War aufs höchste interessant.

Ja, am besten wären Pillen
Gegen jeden freien Willen;
Darauf freuten alle sich
In der Tat ganz königlich.

Um die Pillen herzustellen
Dafür hat K. seine Quellen,
Die Verteilung, auch ganz klar,
Nimmt sein Anwaltsduo wahr.

Pik sieben

K. hat stets die bessren Karten,
Deshalb kann man lange warten,
Um mal einen Stich zu kriegen,
Aussichtslos, ihn zu besiegen.

Wie soll so ein Mann verlieren,
Er spielt stets den Grand mit vieren;
Auf den Karten die Gesichter
Seiner Buben, das sind Richter,

Staatsanwälte, Rechtsverdreher
Und die höchsten Amtsvorsteher;
Dazu kommen seine Asse,
Da sagt jeder gleich, ich passe;

Wer will, das wär zu verwegen,
Mit der Presse sich anlegen,
Die dafür hat einzustehen,
Ihn im rechten Glanz zu sehen

Und daß niemand kann dem schlauen
K. in seine Karten schauen;
Deshalb droht man mit Verhaften,
Wenn wir seine Machenschaften

Wollen an das Licht mal bringen,
Hoffen, daß dies wird gelingen,
So daß er, der so durchtrieben,
Einmal dasteht wie Pik Sieben.

Schindlers Liste / Alfreds Akte

Gott sei Dank gibt es die Quellen,
Die das Menschsein uns erhellen
Und uns wunderbar begleiten,
Wenn wir durch die Welt hier schreiten.

Schindlers Liste setzt ein Zeichen,
Stellt zum Guten hin die Weichen,
Welch ein Glück, Menschen zu sehen,
Die auch dann noch aufrechtstehen,

Wenn von Grausamkeit umgeben,
Ihnen droht Gefahr für's Leben;
Die sich uns als Vorbild zeigen,
Da möcht ich mich tief verneigen.

Schindlers Liste war ein Segen,
Alfreds Akte zeigt dagegen,
Daß wie damals so auch heute
Unliebsam gewordne Leute

Man verleumdet, kann entehren,
Und wenn diese sich dann wehren,
Sich auch wieder Richter finden,
Die sich mit der Macht verbinden

Und im Rahmen von Interessen
Ohne Geist das Recht bemessen;
Soll das Recht nicht untergehen,
Müssen wir die Wolken sehen.

Mein Gebet

F., er hat nicht übertrieben,
Daß ich die Justiz würd lieben
Oder schätzen, aber nein,
Das fällt mir im Traum nicht ein.

Würd sie etwas auf sich halten
Und auf wahrem Grund gestalten,
Sich um Redlichkeit bemühn,
Könnt mein Herz für sie erglühn.

Wenn dagegen die Justiz
Sich hier dreht im Ringelpietz
Mit den windigen Gestalten
Kann ich nur die Hände falten.

Und so sprech ich mein Gebet:
Herr Du weißt, um was es geht,
Soll das Recht bei uns genesen,
Mußt Du die Leviten lesen

Nicht nur manchem Staatsanwalt,
Auch den Richtern, die uns kalt
Nehmen unsren guten Glauben
Und dem Recht die Unschuld rauben.

Es wär für das Land ein Segen,
Gingen sie auf Deinen Wegen,
Denn es hat ganz unbestritten
Durch sie schon genug gelitten.

Das Risiko

Alfred will noch weiter bauen,
Hanswurst meinte, im Vertrauen
Lieber Alfred irgendwo
Schreckt mich schon das Risiko.

Nun, da sind wir ganz verschieden,
Hätt ich Risiken gemieden,
Wär ich, sieh das einfach ein,
Immer noch ein armes Schwein.

Ich seh aber was Sie haben,
Reich gesegnet mit den Gaben
Tät auch gut mal eine Rast,
Es heißt doch, halt was Du hast.

Da wurd Alfred ungehalten,
Sprach: ich will mich frei entfalten,
Hanswurst, ohne Risiko
Sitzt man nicht mal auf dem Klo.

Denk dran, wie auf der Latrine
Dich bedrohte eine Biene, 1)
Ich mach was ich will und Du
Halt den Mund und schau nur zu!

1) Erlebnisse im Hotel, Band II,
Hanswurst und die Biene, S. 91

Die verdrehten Köpfe

Hanswurst hielt den Kopf ganz schief,
Weil ihm seine Nase lief,
Und der Alfred war gespalten,
Was nur sollt er davon halten?

Ob beim Sitzen, ob beim Stehen,
Alfred mußt den Kopf verdrehen,
Sonst konnt Hanswurst er, dem schlauen,
Nicht grad in die Augen schauen.

Trotzdem, das ging doch zu weit,
Denn so langsam mit der Zeit
Spürte Alfred jetzt ein Zwacken
In dem stark verdrehten Nacken.

Und die Leute schauten dann
Von der Seite ihn schief an;
So konnt das nicht weitergehen,
Hanswurst, Schluß mit Kopfverdrehen.

Dann hört meiner Nase Lauf,
Rief nun Hanswurst, gar nicht auf;
Alfreds Antwort: Laß sie laufen,
Ich werd Dir 'ne neue kaufen!

Hanswurstliches Niveau

Hanswurst hat den Körperbau
Ungefähr wie Schweinchen Schlau,
Doch betreff den Intellekt,
Ist er nicht so aufgeweckt.

Weil er allzu leicht vergißt,
Daß er nur ein Hanswurst ist;
Dabei wär er gern sehr schlau,
Nur, sein geistger Überbau,

Gibt zum Pech nicht so viel her,
Und das Denken fällt ihm schwer,
Was mit der ihm eignen List
Auch nicht auszugleichen ist.

Es geschieht, daß er recht dreist
Mit dem was er tut, entgleist,
Daß man schon darüber spricht,
Nur der König merkt es nicht,

Da er ihm ganz blind vertraut
Und sogar noch wiederkaut,
Was mit Arglist und gemein
Fällt dem Hanswurst alles ein.

Schweinchen Schlau hätt wohl gesagt,
Wenn dem König das behagt,
Kommt er dadurch ebenso
Auf hanswurstliches Niveau.

König Alfred im Bockhaus

König Alfred ist gewitzt,
Meint, weil er im Bockhaus sitzt,
Kann er gern mit Steinen werfen,
Braucht nicht einmal starke Nerven.

Kommt doch mal ein Stein retour,
Lächelt König Alfred nur,
Denn der tut ihm den Gefallen,
An dem Bockhaus abzuprallen.

Deshalb weiß ein jeder jetzt,
Alfred bleibt stets unverletzt;
Gegen ihn sich zu erheben,
Heißt, sich selbst die Kugel geben,

Oder eben auch den Stein,
So läßt man es besser sein;
König Alfred kann nun walten,
Wies ihm dünkt, ganz frei gestalten;

Er darf handeln wie er will,
Selbst die Richter halten still,
Machen immer gute Mienen,
Wenn sie König Alfred dienen.

Auch bei seinem bösen Spiel
Zählt für sie nur dieses Ziel:
Niemand darf, man soll es hören,
Alfred in dem Bockhaus stören!

Die Mammonen

König Alfred war gerieben,
Und er sprach: Auf was wir lieben,
Darauf stoßen wir jetzt an,
Jeder von uns, Mann für Mann.

Ja, der Mammon hat im Leben
Macht und Freude uns gegeben,
Jeder hier in dieser Rund
Stieß am Mammon sich gesund.

Sitzt auf seinen großen Pfründen,
Deshalb wollen wir heut gründen,
Endlich auch einen Verein,
Leitbild soll der Mammon sein.

Und wir nennen uns Mammonen,
Handeln niemals mit Zitronen,
Schieben, nun, das ist der Clou,
Uns die dicksten Brocken zu.

Werden unsren Wohlstand mehren,
Alle Welt, sie soll uns ehren,
In uns sehn den Biedermann,
Der die Wirtschaft kurbelt an.

Wir müssen zusammenhalten
Gegen jegliche Gewalten,
Wer nicht untertänig ist,
Den vertreiben wir mit List.

Die Lesestunde

König Alfred war beim Lesen
Eine Leuchte nie gewesen,
Um die Worte zu erfassen,
Hat er Hanswurst lesen lassen.

Hanswurst konnte schön betonen,
Alfred seine Nerven schonen,
Und es machte schnell die Runde,
Jetzt ist wieder Lesestunde.

Dabei durfte niemand stören,
Hanswursts Stimme war zu hören,
Mal ganz unten, mal ganz oben,
König Alfred mußt ihn loben.

Hanswurst las Geschäftsberichte
Und im Anschluß dann Gedichte,
Die, was Alfred gar nicht paßte,
Ein Gast über ihn verfaßte.

Heute nun tat der verkünden,
Daß die Zeichen ganz schlecht stünden,
Für den König, diesen frommen,
In den Himmel reinzukommen.

Da sprang Alfred auf vom Stuhle,
Schrie: Wenn so etwas macht Schule,
Nimmt das noch ein schlimmes Ende,
Es wird höchste Zeit zur Wende.

Hanswurst, hol den Advokaten,
Mit ihm wollen wir beraten,
Rechtlich unsre nächsten Schritte,
Und ich hab noch eine Bitte,

Auch den Pfarrer möcht ich sehen,
Red und Antwort soll er stehen,

Er versprach das ewge Leben,
Daß die Sünden wärn vergeben.

Aufgrund meiner reichen Gaben
Möcht ich das jetzt schriftlich haben,
Sollt der Pfarrer sich versagen,
Werden wir auch ihn verklagen.

Ritter Alfred hinter Gitter

Eigentlich gehört der Ritter
Alfred auch mal hinter Gitter,
Weil vielleicht die Beugehaft
Ordnung der Gedanken schafft.

Jedoch Richter überzeugen
Daß sie einen Ritter beugen,
Nimmt man wohl im Ernst nicht an,
Daß es uns gelingen kann.

Eher werden sie beim Richten
Auf die Ordnung hier verzichten,
Als zu rühren ihre Hand
Gegen den gehobnen Stand.

Ordnung wollen sie im Kleinen,
Bei dem Volke, dem gemeinen,
Von den einflußreichen Herrn
Halten sie sich lieber fern.

Selbst wenn sie den Unrat wittern,
Aber vor den Rittern zittern,
Heißt es Augen zu, nicht sehn,
Und am Recht ein bißchen drehn.

So ist dauerhafter Frieden
Ihnen wenigstens beschieden,
Und der Ritter spricht galant:
Richter haben doch Verstand.

Am Elbestrand

Herr Alfred saß am Elbestrand,
Die Elbe war so interessant,
Wenn die großen Schiffe kamen,
Notierte er sich ihre Namen.

So steigerte er sehr beflissen
Mit jedem Schiff auch gleich sein Wissen,
Und um die Sache abzurunden,
Begann er sofort zu erkunden,

Von jedem Schiff das Herkunftsland,
Das er nach diesem Muster fand:
Sein Vorgehn war wie immer simpel,
Er malte ab zuerst die Wimpel,

Und machte sich dann auf die Suche
Mit Eifer in dem Flaggenbuche.
Wenn sich die beiden Flaggen glichen,
Hat die im Buch er ausgestrichen,

Und rief, denn er war aufgeweckt,
Ich hab ein neues Land entdeckt;
Den Hanswurst hatt er unterdessen
Bei seinen Studien fast vergessen.

Der wurd beim Spielen immer nasser,
Er plantschte vorn im seichten Wasser,
Und so verging, ganz außer Frage,
Im Nu einer der schönen Tage.

Zum Wohl

König Alfred sprach: Zum Wohl
Trinke ich den Alkohol,
Vorzugsweise in der Schänke,
Dort gibts sämtliche Getränke.

Bin ich einmal außer Form,
Hilft der Alkohol enorm;
Gieß mir, damit ich sie finde,
Einen hinter meine Binde.

Außerdem lenkt er den Frust
Um in pure Lebenslust;
Wollt mir vorher nichts gelingen,
Fing ich plötzlich an zu singen.

So gesehn, wirkt er bei mir
Wie ein Lebenselixier,
Doch ich gebe zu bedenken,
Stets in Maßen ihn zu schenken,

Denn im Übermaß derweil
Erreicht man das Gegenteil;
Alfred sagt, von den Geschichten
Möcht er lieber nicht berichten.

Ja, ihm würde wieder schlecht,
Wenn er daran auch nur dächt;
So wurd Alfred mit den Jahren
Doch noch klug und sehr erfahren.

Des Königs Schneider

König Alfred hatte leider
Einen ziemlich schlechten Schneider,
Und so sitzt im Bund die Hose
Leider, leider viel zu lose.

Wie soll er die Hände falten,
Wenn er muß die Hose halten?
So hat kürzlich er beim Beten
Auf die Hose sich getreten.

Ja, sie rutschte immer weiter
Bis zum Knie, das war nicht heiter;
Sprach der Pfarrer: Im Vertrauen,
So was wolln wir hier nicht schauen.

Und dann in der Hosenmitte
Spürte Alfred Druck im Schritte,
Im Gesäß, da sah man Beulen,
Diese Hose war zum Heulen.

Jetzt hat Alfred der Famose
Träger für den Halt der Hose,
Doch demnächst braucht er wohl leider
Wirklich einen neuen Schneider.

Falscher Schein

König Alfred saß im Saal
Mit Hanswurst beim Abendmahl;
Zuerst sprach er ein Gebet,
Wie es in der Bibel steht,

Nahm die Kelche, schenkte ein,
Beiden von dem guten Wein,
Blickte freundlich, brach das Brot,
Hanswurst dankte ganz devot.

Jeden Abend punkt acht Uhr
Diese schöne Prozedur;
Könnt man denken an den Herrn,
Leider standen sie ihm fern.

Denn beim Trinken, beim Verzehr,
War das Thema Geldverkehr,
Und im weiteren Verlauf
Schien's als tauchte Satan auf.

Es ging jetzt um Lug und Trug,
Beide hatten sie genug
Kerben dadurch auf dem Holz,
Warn zudem darauf noch stolz.

Muß wahrhaft nicht heilig sein,
Was nach außen trägt den Schein,
Wenn der Schein dient einem Zweck,
Nämlich Bösem als Versteck.

Der arme Unternehmer

Alfred meinte, eine Schiete
Sind die laufenden Kredite,
Weil die manchmal schneller laufen,
Als ich Würste kann verkaufen.

Um Kredite abzutragen,
Muß ich mich gewaltig plagen;
Das gelingt bei dem Umfange
Vollends nach dem Tode lange.

Gehn Geschäfte in die Binsen
Zahl ich trotzdem hohe Zinsen,
Und bei diesem Druck der Banken
Kann ein Unternehmen wanken.

Welche Angst muß ich erdulden
Bei der Höhe meiner Schulden;
Alle, die mich so beneiden,
Wissen nicht, was ich muß leiden.

Da hätt ich es weit bequemer,
Wäre ich ein Arbeitnehmer,
Braucht nur immer ja zu sagen
Und Verantwortung nicht tragen.

Doch ein Mann von meiner Größe
Gibt sich niemals eine Blöße:
So werd ich in meinem Leben
Bis zum Ende weiterstreben.

Der extraordinäre Hanswurst

Hanswurst mit dem langen Rüssel
Und dem Sprung in seiner Schüssel
Meinte, wunder was er wär,
Nämlich extraordinär,

Bei dem Umgang mit den Gästen,
Der Veranstaltung von Festen,
Und besonders auch die Fraun
Würden zu ihm runterschaun.

Ja, bei ihnen hätt er Dusel,
Schon nach einem Gläschen Fusel
Wären sie dazu bereit,
Ihm zu schenken ihre Zeit.

So bestätigen selbst Männer,
Hanswurst ist ein Frauenkenner,
Und aufgrund von seinem Schneid
Werden manche blaß vor Neid.

Bei dem Sprung in seiner Schüssel
Ist sein Rüssel wohl der Schlüssel,
Daß Hanswurst, sonst rund und schwer,
Wurd so extraordinär.

Ehrverletzung

Alfred K., so denk ich mir,
War niemals ein Offizier,
Würde sich sonst widersetzen,
Ehre andrer zu verletzen,

Denn man hätt ihm beigebracht,
Was ein Mann von Ehre macht,
Daß er sich zu schade wäre,
In den Dreck zu ziehn die Ehre.

Alfred K. kennt kein Tabu,
Läßt die Ehrverletzung zu;
Mit dem Blick auf sein Betragen,
Würd ich dem Soldaten sagen:

Wenn der Alfred sich bescheißt,
Ist das sein Bier, daß Du's weißt;
Will er aber uns bescheißen,
Werd ich ihm den Arsch aufreißen.

In der Kürze liegt die Würze

Alfred sprach: Wir müssen sparen,
Denn der Umsatz sinkt seit Jahren,
Doch was zählt, ist der Gewinn,
Deshalb macht das Sparen Sinn.

Zieh vom Umsatz ab die Kosten,
Dann verbleibt als Rest der Posten,
Den man ausweist als Gewinn,
Also schaut genauer hin.

Der Gewinn bleibt stets der gleiche,
Wenn ich folgendes erreiche:
Was beim Umsatz ich verlier,
Spar ich bei den Kosten hier.

Somit gilt es zu bedenken,
Wie wir unsre Kosten senken,
Und nun hört Euch einmal an,
Was ich mir dafür ersann.

Wenn wir unsre Würste kürzen,
Sparn bei Fleisch und den Gewürzen,
Steigern wir den Wurstverzehr,
Denn der Kunde ißt nun mehr

Würste; das wollt ich erreichen,
Um die Kürze auszugleichen;
So wird unsrerseits gespart,
Und der Umsatz kommt in Fahrt.

Wie es heißt, liegt in der Kürze,
Richtig angewandt, die Würze,
Doch es brauchte den Verstand,
Der für uns die Kürze fand.

Die Serenade

König Alfred singt im Bade
Morgens früh die Serenade,
Eigentlich ein Abendlied,
Schauen wir, was nun geschieht.

Durchs Hotel da geht ein Raunen,
Wahrlich alle Gäste staunen,
König Alfred als Tenor
Schmeichelt eines jeden Ohr.

Keiner kann es recht begreifen,
Hieß es doch, er würd schon pfeifen,
Und das erst vor kurzem noch,
Bereits aus dem letzten Loch.

Ach, das wäre jammerschade,
Denn mit dieser Serenade
Hat er eben aufgedeckt,
Welch ein Künstler in ihm steckt.

Ja, das ist er unbestritten,
Deshalb möchte man ihn bitten,
Daß er auch am Abend singt
Und sein schönes Lied erklingt.

Alfreds langer Bart

Alfred war einmal so smart,
Damit ist es längst vorbei,
Selbstgefällig in der Art,
Glaubt er wunder wer er sei.

Kommt nicht mehr so recht in Fahrt,
Was er sagt, das ist nicht neu,
Hat schon einen langen Bart,
Und bleibt seiner Einfalt treu,

Sieht sich als den großen Geist,
Auch noch mit dem heilgen Schein,
Der im Land die Richtung weist,
Vorgibt, wie was müßte sein.

Trotzdem, Alfred der gefällt,
Hat er allen doch gezeigt,
Wie man macht das große Geld,
Daß man Kritisches verschweigt.

Sonst bekommt er jeden klein,
Denn sein Einfluß ist sehr groß,
Geht man nicht mit ihm gemein,
Nun, dann ist der Teufel los.

Zu König Alfreds Denkmal

König Alfred zum Gedenken
Wollte ich ein Denkmal schenken,
Das für unser Vaterland
Sollt bemühen den Verstand.

Doch trotz eifrigem Erkunden
Hab ich leider nicht gefunden
Einen Künstler, der bereit
Zu verwenden seine Zeit,

Um das Denkmal zu gestalten,
Auch, wenn er würd ausgehalten
Großzügig mit einem Lohn,
Jetzt sag ich, was macht das schon.

Früh gab man mir zu bedenken,
Auf das Selbst mich zu beschränken,
Und so hört ich oft mir an:
Frage nicht, selbst ist der Mann.

Viel Papier hab ich beschrieben,
Und was ist davon geblieben?
Bücher, Bände eins bis drei
Mit des Königs Konterfei.

Ich denk, dieser Büchersegen
Könnt zum Denken auch anregen,
War das eigentliche Ziel,
Kostet im Vergleich nicht viel.

Die tollste Frau

Das ist wirklich eine Schau,
Man sucht jetzt die tollste Frau,
Die sich würde durch ihr Leben
Von den anderen abheben.

Und der König ist gefragt,
Weil er unbestechlich sagt,
Was er denkt und wie er handelt,
Gleichsam traumhaft sicher wandelt.

Seine Auswahl ist nicht klein,
Jeder fragt: Wer wird es sein?
Vielleicht seine Kunigunde, 1)
Die ihm schenkte manche Stunde,

Leidenschaftlich, liebevoll,
Diese Frau, die ist doch toll;
Oder hat er noch Gefühle
Für Gunhilde von der Mühle? 2)

Und man überlegt, wer weiß,
Vielleicht gibt er ihr den Preis;
Da wär auch noch die Brunhilde, 3)
Mit dem Pfänderspiel die wilde;

Hier meint man, die tolle Maus
Scheidet sehr wahrscheinlich aus,
Weil den König sie verlachte
Und ihn richtig wütend machte;

Egonita könnt es sein, 4)   Ja, die Spannung, die ist groß,
Wurd doch das Liebschwesterlein,   Wie entscheidet Alfred bloß?
Seit er weiß, sie werden erben,   Schon demnächst wird man es sehen,
Wenn die Tante muß einst sterben.   Es soll in der Zeitung stehen.

1) Band II, S. 32, »Alfred trifft Kunigunde wieder«
2) Band II, S. 138, »Gunhilde von der Mühle«
3) Band I, S. 181 »Das Pfänderspiel«
4) Band II, S. 50, »Alfreds Schwester Egonita«
und S. 100, »Alfreds Schatz«

Tüten kleben!

Eins ist nun wohl jedem klar,
Schnurz ist absolut kein Star,
Eher ein durchtriebner Spatz,
Was er macht, ist für die Katz.

Wollt dem Gegner Schmach bereiten,
Wie damals zu Adolfs Zeiten,
Als die Menschen man entehrte
Und sie für pervers erklärte.

Schließlich kam ihm der Gedanke,
Er kennt wirklich keine Schranke,
Mich entmündigen zu lassen,
Ja, das könnte Schnurz so passen.

Und er hätte auch die Nerven,
Ins Gefängnis mich zu werfen;
Statt den Ton hier anzugeben,
Sollte er mal Tüten kleben!

Täte sicher gut dem Recht,
Wär auch für ihn selbst nicht schlecht,
Wenn er sich einmal besinnt,
Recht und Unrecht nicht verspinnt.

Die pfundige Kunigunde

König Alfreds Kunigunde
Hatte zugelegt zig Pfunde;
Alfred zog dies in Betracht,
Hat sich darauf rar gemacht;

Meinte, es würd sich nicht schicken,
Ein Verhältnis mit der Dicken,
Er hätt es auch so schon schwer,
Und jetzt ging rein gar nichts mehr.

Kunigunde wollts nicht fassen,
Wie konnt er sie sitzen lassen,
Hatte sie doch noch im Ohr,
Daß er ihr die Treue schwor.

Unentschuldbar sein Betragen,
Sie würd ihm die Meinung sagen,
Und so sah man sie noch nie,
Als sie wie am Spieße schrie:

Alfred Kack, Du alte Gurke,
Was bist Du bloß für ein Schurke,
Läßt mich wochenlang allein,
Was zum Teufel fällt Dir ein?

Da war Alfred von den Socken,
Dachte, die legt mich gleich trocken,
Wurde wie ein Lamm so fromm
Und rief, Kunigunde komm,

Laß Dich in die Arme schließen,
Wir wolln's Wiedersehn begießen,
Und nie wieder, Du wirst sehn,
Laß ich Dich im Regen stehn.

Wenn wir beide schön trainieren,
Wirst die Pfunde Du verlieren,
Dann komm ich erneut in Trab,
Und es geht so richtig ab.

Alfred mit Biß

König Alfred ließ verkünden,
Es zählt zu den großen Sünden,
Wenn man sich nicht vor ihm bückt;
Er erklärt den für verrückt,

Der ihm nicht erweist die Ehre,
Dem Erlauchten sie verwehre,
Könnt, das gelte allgemein,
Im Kopf nicht ganz richtig sein.

Wer es wagt, zu widersprechen,
Dem würd er das Rückgrat brechen,
Denn in König Alfreds Land
Will man keinen Widerstand;

Jeder hat sich einzufügen,
Alfred sorgt für das Vergnügen,
So bekommt man bei ihm Wurst
Und Getränke für den Durst.

An des Königs hehrem Wesen
Könnt die ganze Welt genesen,
Er verkörpert wahres Sein,
Mit Erfolg und heilgem Schein.

Man entnimmt es den Journalen,
Für den König sprechen Zahlen,
Und sein edles Konterfei
Mit dem Lächeln ist dabei;

Einem Lächeln durch die Zähne,
Wie im Wildpark die Hyäne,
Damit jedem wird gewiß,
König Alfred hat auch Biß.

Denken

Denkt ein Richter wohl beim Lesen,
Hätte ich nur nachgedacht,
Wär ich nicht beschränkt gewesen,
Denken scheint doch angebracht?

Schon ein kleines bißchen Denken
Würde widerlegen sie,
Ohne sich groß zu verrenken,
Die Nichtwissenstheorie.

Oder denkt er, weshalb denken,
Denn das Denken nützt nicht viel,
Könnt sogar den König kränken,
Wenn es ihn nicht bringt zum Ziel.

Und so macht es, nicht zu denken,
Auch für mich schon einen Sinn,
Ich kann mir das Denken schenken,
Weil dem König treu ich bin.

Frischer Wind für die Gerichtsmühlen

Des Gerichtes Mühlen mahlen,
Und die Richter leiden Qualen,
Denn die Mahlarbeit strengt an,
Wahrlich nichts für jedermann.

Die Gedichte, sie verwirren,
Schon beginnts, im Kopf zu schwirren,
Was soll dies und was soll das,
Da vergeht ganz schnell der Spaß.

Und die Mühlen mahlen weiter,
Man wird keine Spur gescheiter,
So geht das seit Wochen schon,
Welche Mühe, eine Fron!

Das Gericht fühlt sich gegängelt,
Denn der König Alfred quengelt:
Wann hört endlich der Verkauf
Dieser üblen Bücher auf?

Wiederholt wurd jetzt gelesen,
Nie ist so was dagewesen,
Wie die Mühlen sich auch drehn,
Kein Ergebnis ist zu sehn.

Da die Richter derart schwanken,
Macht der Schuldner sich Gedanken,
Vielleicht setzt Erkenntnis frei
Der Gedichtband Nummer drei.

Deshalb wird er ihn beenden
Und den Richtern übersenden,
Auch, wenn der Gerichtsbeschluß
Hier im Buch drum fehlen muß.

Und davon berichten wir
Dann im nächsten Buch, Band vier,
Etwa so, wie schon gewohnt,
Aber nur, wenn es sich lohnt.

Der höhre Sinn

Fünfundsiebzig der Gedichte
Malgenommen mit der zehn,
Mög beurteiln das Gerichte,
Und dann wollen wir mal sehn,

Was die Richter dazu sagen,
Ob sie besser mich verstehn,
Oder voller Unbehagen
Vielleicht an die Decke gehn.

Ich kann die Empfehlung geben,
Urteilt erst, nachdem Ihr denkt,
Liegt Ihr wieder weit daneben,
Denkt man sonst, Ihr seid beschränkt.

Das Gewissen soll Euch leiten
Und nicht irgendeine Macht,
Ums Bewußtsein Euch zu weiten,
Hab die Verse ich erdacht.

Laßt Euch also nicht verdrießen,
Dann stellt ein sich der Gewinn,
Ihr könnt Eure Akten schließen
Und erkennt den höhren Sinn.

Die Tombola

Es war wieder mal Tombola,
Egonita gab die Stola,
Ein Paradestück aus Nerz,
Wieder sprach ihr gutes Herz.

König Alfred, der Famose
Schenkte seine Unterhose,
Sagte, für den guten Zwck
Geb ich selbige gern weg.

Hanswurst aber meine trocken,
Ich hab ein paar alte Socken,
Die trag ich schon lang nicht mehr,
Deshalb gebe ich sie her.

König Alfred rief: Die Sachen
Werden Ihnen Freude machen,
Deshalb kaufen Sie ein Los,
Eine königliche Hos

Wird an Wert niemals verlieren,
Jeden ganz besonders zieren,
Schon, weil man jetzt sagen kann,
Die hatte der König an.

Die Tombola, war zu lesen,
Ist die Sensation gewesen,
König Alfred lebe lang,
Ihm gebührt der größte Dank!

Das Klassentreffen

Alfred sprach zu seinem Neffen,
Ich geh heut zum Klassentreffen,
Und dem Lehrer Schulz zum Hohne
Trag ich meine güldne Krone.

Hab im Ohr noch die Beschwerden,
Was soll bloß aus Dir mal werden,
Alfred, Deine Wissenslücken,
Wie willst Du die überbrücken?

Auch beim Schreiben und beim Lesen
Bist Du mehr als schwach gewesen,
Wirst Du Dich ins Zeug nicht legen,
Mußt Du später Straßen fegen.

Straßen fegen, na von wegen,
Damit hat er schief gelegen,
Und für manchen frühen Streber
Bin ich jetzt der Brötchengeber.

Schrieb inzwischen selbst Geschichte,
Jede Woche die Berichte,
In den Zeitungsblättern künden
Von des Königs großen Pfründen.

Laß ich mich beim Treffen sehen,
Wird man huldvoll vor mir stehen,
Mir die Ehrerbietung zeigen
Und sich tief vor mir verneigen.,

Das wird Lehrer Schulz verwirren,
Ich sag nur, so kann man irren,
Errare humanum est,
Dieses Treffen wird ein Fest.

Einführung in die Betriebswirtschaftslehre

K. beherrscht Betriebswirtschaft
In der Praxis meisterhaft;
Hoffen wir, es mög gelingen,
Einen Abriß hier zu bringen.

Alle Theorie ist grau,
Konstatiert Herr K. sehr schlau;
Allzuoft wärn die Studenten
Nach dem Abschluß lahme Enten.

Würd das Studium verkürzt,
Mit Erkenntnissen gewürzt,
Die im Laufe er von Jahren
Immer wieder neu erfahren,

Käm die Wirtschaft mehr in Fahrt,
Denn man hätte Zeit gespart,
Und die Absolventen wüßten,
Wie sie sich verhalten müßten.

Außerdem, im Exkurs knapp,
Handelt K. das Recht mit ab,
Denn es reicht schon das Verstehen,
Es von Grund auf zu verdrehen.

K. zeigt wie sein Advokat
Auftisch einen Rechtssalat,
Wo der Wurm drin, unterdessen
Ihn die Richter trotzdem essen.

K. meint, daß selbst der Student
Mit nur wenig Grips erkennt,
Daß, läßt er von K. sich leiten,
Sich sein Horizont wird weiten.

Der große Sack

Der Schuldner hat 'nen großen Sack,
Dacht sich der Anwalt von Herrn Kack,
Weshalb er nicht mehr ruhig schlief
Und sofort nach den Richtern rief.

Greift ihm in seinen Sack hinein
Riet er den Richtern nicht sehr fein,
Er stellt dann wohl das Schreiben ein,
Schreibt keinesfalls mehr so gemein.

Doch was ist groß und was ist klein?
Der Anwalt ging darauf nicht ein,
So liegt er vielleicht völlig schief,
Denn Größe, sie ist relativ.

Gemessen an dem von Herrn Kack
Ist sicher zierlich nur mein Sack,
Und seinen Sack den zeigt er nicht
Der Anwalt mir noch dem Gericht.

Die Frage, ob mein Sack wär groß,
Scheint mir deshalb rhetorisch bloß,
Zeigte der Anwalt mehr Geschmack,
Hätt er genug am eignen Sack.

Samenspender aller Länder

K. sprach in erlauchtem Rahmen:
Meine Herren, meine Damen,
Die Sie heut zusammenkamen,
Es geht diesmal um die Samen,

Die wir hier mit vollen Händen
Täglich unsrem Volke spenden;
Ich frag mich, wo soll das enden,
Wenn wir so das Geld verschwenden.

Früher war das Volk zufrieden,
Mit den Brosamen beschieden;
Es gilt drum, das Anspruchsdenken
Zur Bescheidenheit zu lenken.

Und so ruf ich: Samenspender,
Samenspender aller Länder,
Wir die großen und die kleinen
Müssen dringend uns vereinen!

Don Alfredo mit Torpedo

Nach dem Urlaub in Toledo
Fuhr Hanswurst mit Don Alfredo
Erst einmal nach Alicante,
Dort verweilte dessen Tante

Auf dem Schiff vom capitano
Don Felippo de Morano,
Der, darin war er sehr eigen,
Wollt sein Schiff persönlich zeigen

Diesen Herren aus Germanien,
Die beehrten wieder Spanien;
Und so machten sie die Runde,
Doch nach einer Viertelstunde,

Don Alfredo mußt sich bücken,
Konnt den Druck nicht unterdrücken,
Und Felippo wär beim Knallen
Beinah über Bord gefallen.

Schrie: Ein Treffer vom Torpedo,
Nein, das war nur Don Alfredo,
Hielt gleich Hanswurst dem entgegen
Und kein Grund sich aufzuregen.

Don Felippo blieb der Schrecken
Noch in allen Gliedern stecken,
Ihm hat das ganz schön gestunken,
Doch sein Schiff ist nicht gesunken.

Haifischzähne

Ja der Haifisch, der hat Zähne,
König Alfred ein Gebiß,
Schlimmer als das der Hyäne,
Davor haben alle Schiß.

So hört man die Richter klagen,
Wenn uns König Alfred beißt,
Ist das schwerer zu ertragen,
Als wenn er den Gast anscheißt.

Deshalb ist es recht und billig,
Daß wir Alfred geben recht,
Zeigen wir uns ihm nicht willig,
Dann behandelt er uns schlecht.

Ja, der Haifisch, der hat Zähne
Und ein fürchterliches Maul,
Die vom Rechtsstaat, wie ich wähne,
Fallen aus, sie werden faul.

Recht nur auf Papier

In des Advokaten Gunst
Standen meine Verse nie;
Brotlos nannte er die Kunst,
Fern von jeder Poesie.

Ja, sie hätten keinen Wert,
Schade nur um das Papier,
Vielleicht liegt er nicht verkehrt,
Doch ich gönn sie trotzdem mir.

Denn der Spaß verging mir nicht,
Ich blieb dadurch aufrecht stehn,
Er, der König, das Gericht
Konnten sich im Spiegel sehn.

Von dem Anwalt das Geschmier
Zeigt ihn, den verlognen Geist,
Ist mehr wert als das Papier,
Wie das Urteil uns beweist.

So bekam er auch dafür,
Welch ein Recht in diesem Land,
Eine stattliche Gebühr
Von den Richtern zuerkannt.

Deshalb schreiben weiter wir,
Auch wenn ich dabei verlier,
Sonst steht demnächst wieder hier
Recht nur noch auf dem Papier.

Sternenstaub oder Puderzucker

Man warf sie raus aus dem Hotel
Von Alfred K., das ging dort schnell, 1)
Ich hab's danach, vor ein paar Jahren,
Ja selbst am eignen Leib erfahren.

Ich seh sie noch, wie sie dort stand,
Vor dem Hotel, wo ich sie fand,
Die Frau verzagt, mit Blicken, bangen
Es liefen über ihre Wangen

Die Tränen, es gab mit Verlaub
Für sie kein bißchen Sternenstaub
In dem Hotel mit den fünf Sternen,
Gefühllos ließ man sie entfernen.

Interesse zeigte kein Gericht,
Auch K. ganz selbstverständlich nicht,
Trotzdem bläst diesem Sternengucker
Man in den Hintern Puderzucker.

1) Sh. »Erlebnisse im Hotel« Band I,
Hoch lebe Alfred, Seite 54

Lessing oder K. aus Messing?

Fehlt nur noch, daß neben Lessing
Ihr setzt Alfred K. aus Messing;
Lessing würde sich beschweren,
Doch er kann sich nicht mehr wehren.

Deshalb werde ich beizeiten
In Vertretung für ihn streiten;
Sicher hätt er mich gebeten,
Ihn mit Nachdruck zu vertreten,

Nicht so wie Nathan der Weise,
Diplomatisch, klug und leise,
Sondern kräftig in den Worten,
Gut verständlich allerorten.

Diesbezüglich würd ich sagen,
Lessing könnt K. nicht ertragen,
Und auch er würd diesen Großen
So wie ich vom Sockel stoßen.

Wollt Ihr Lessing auf dem Sockel
Oder einen falschen Gockel?
Einer geht nur von den beiden,
Also müßt Ihr Euch entscheiden.

Im Bild bleiben

Solang K. steht an der Spitze,
Nein, ich mache keine Witze,
Werd ich um im Bild zu bleiben
Ernst und heiter weiterschreiben.

Er mag mich ins Zuchthaus stecken
Oder aber sonstwo lecken,
Stecken oder lecken lassen,
Ich werd mich mit ihm befassen.

Stets begleich ich meine Schulden
Und zwar bis zum letzten Gulden,
Deshalb wär ich sehr betroffen,
Bliebe eine Rechnung offen.

Und so lang die Mühlen mahlen
Vom Gericht, da werd ich zahlen,
Weil sonst keine Hoffnung bliebe,
Daß man reinigt das Getriebe

Dieser Mühlen, die zerreiben
Auch das Recht, wenn wir nicht schreiben;
Ob ich frei bin oder sitze,
So bleibt auch das Schreiben Spitze.

Verbitterung

In den Dreck trat man die Ehre,
Daß ich drum verbittert wäre,
Warum sollt ich das verhehlen?
Will man mir die Ehre stehlen,

Mit den Richtern im Verbunde,
Die geselln sich in die Runde
Derer, die verleumden lassen,
Kann ich nicht so einfach passen.

Nein, da müßt ihr lange warten,
Ich spiel stets mit offnen Karten,
Selbst die Drohung mit verhaften,
Werd ich ehrenvoll verkraften.

Und daß wir im Geist verwittern,
Nur weil ihr uns laßt verbittern,
Dazu würde auf Befragen
Euch ein jeder Ritter sagen:

Schlägt der Blitz ein bei Gewitter,
In den Kopf von einem Ritter,
Ist er, auch wenn er nicht zittert,
Dennoch ganz gewiß verbittert.

Der Pressebesuch

Hanswurst, eh ich es vergesse,
Die Vertreter von der Presse
Kommen heut in unser Haus,
Richte allen Leuten aus,

Daß ich Höchstleistung erwarte,
Ausnahmslos in jeder Sparte;
Selbstverständlich, gleich, sofort,
Ich , mein König, steh im Wort,

Alles ordne ich zum besten
Für das Treffen mit den Gästen;
Hanswurst machte das perfekt,
Und der Tisch war reich gedeckt

Als die Herren und die Damen
Von den Zeitungsblättern kamen;
Nach dem wunderbaren Schmaus
Gab es riesigen Applaus

Als der König sich erhoben,
Um die Presse hoch zu loben;
Und er sprach: Ganz im Vertraun,
Auf den Kack da kann man baun.

Ich werd Sie an jedem Morgen
Mit dem neusten Klatsch versorgen,
Und mein Inseratensoll
Ist auch lange noch nicht voll.

Darauf hob der Pressesprecher
Den mit Wein gefüllten Becher
Und erwiderte sogleich:
Wir in unserem Bereich

Fühln uns frei von allen Zwängen,
Lassen einen Kack nie hängen,
Hierauf stütz er sich getrost,
Er leb hoch und noch mal Prost!

Das Eselstribunal

Wenn mal wieder Eseleien
Vom Gericht zum Himmel schreien,
Tritt an mich die Frage ran,
Was man daran ändern kann.

Hätte ich für mich zu wählen,
Würd ich auf den Esel zählen,
Denn ein Eselstribunal
Wär für mich die erste Wahl.

Man brauchte nicht lang zu klagen,
Mit dem Unverstand sich plagen,
Kosten würden kaum entstehn,
Der Prozeß so vor sich gehn:

Alle müßten sich verbeugen,
Um dem Esel zu bezeugen,
Daß eine Autorität
Hier vor den Parteien steht.

Dann geht es sogleich ums Ganze,
Man zieht an des Esels Schwanze,
Der darauf, stets unbegründet,
Seinen Urteilsspruch verkündet.

Schreit der Esel dreimal laut,
Hätte ich auf Sand gebaut,
Und beim vierten Mal, nicht schlecht,
Wäre ich diesmal im Recht.

Damit wär der Fall entschieden,
Weitres Hin und Her vermieden,
Denn die höhere Instanz,
Die entfällt natürlich ganz.

Die armen Schweine

Ja, ich hab es noch im Ohr,
Meine Grenzen beim Humor, 1)
Warn des Königs Advokaten
Plötzlich in den Blick geraten.

Auch meine Persönlichkeit,
Noch verkannt zu dieser Zeit, 2)
Wär für sie, so konnt man lesen,
Äußerst interessant gewesen.

Und sie freuten sich so sehr
Auf den weitren Schriftverkehr;
Ging' verlorn eins meiner Schreiben
Würden sie untröstlich bleiben. 3)

Da nun taten sie mir leid,
Ich beschwor mich, sei bereit,
Denk an diese armen Schweine,
Leiste fortan nun das Deine;

Hab mit Versen sie bedacht,
Über die manch einer lacht,
Auch mit ernsteren Gedichten
Suchte ich sie aufzurichten.

Und bis zu dem heutgen Tag
Scheut' ich Mühe nicht und Plag,
Schreibe, um sie zu erheitern,
Ihr Bewußtsein zu erweitern.

Dafür blieb nun jeder Dank
Leider aber aus bislang,
Doch ich werd mich drum nicht grämen.
Laß' mir den Humor nicht nehmen.

1)-3) Sh. »Erlebnisse im Hotel«, Band I,
Vorgeschichte, Seite 21

Warum in die Ferne schweifen?

Hamburgs große Bilderzeitung,
Glanzstück unserer Kultur,
Gut für die Bewußtseinsweitung,
Hört, was heute man erfuhr:

Was haben wir angerichtet?
Der Komet schießt jetzt zurück,
Eine Wolke wurd gesichtet,
Voll mit Gift, bringt uns kein Glück.

Warum in die Ferne schweifen?
Frag ich diese Zeitung da,
Nach den fernen Sternen greifen,
Wo das Schlechte liegt so nah.

Was ist mit den K.-Bazillen,
Hier in unsrer schönen Stadt?
Lähmen freiheitlichen Willen,
Doch ihr überseht das glatt.

Oder mögt Ihr die Bazillen,
Seht Ihr darin einen Sinn,
Darf man schlucken gift'ge Pillen,
Wenn Sie bringen Euch Gewinn?

Wie zu guten alten Zeiten

Den Verleumder zu benennen,
Nein, da stehn die Richter vor,
Die sich zu dem Herrn bekennen,
Singen acht Mann hoch im Chor:

Seinen Namen kundzugeben,
Wär ein sträfliches Vergehn,
Denn im öffentlichen Leben
Ist der Herr höchst angesehn.

Ihm sollen die Rechte dienen,
Schließt Verleumdung gleich mit ein,
Und die Richter raten Ihnen,
Nicht so zimperlich zu sein.

Werden Sie zur Ordnung rufen,
So was kostet richtig Geld,
Haft folgt dann in weitren Stufen,
Wenn die Ordnung nicht gefällt.

Zeiten, wie die guten alten,
Ruft da wach das Rechtssystem,
Man braucht nur den Mund zu halten,
Lebt dann äußerst angenehm.

Die Suppenspucker

Jetzt spuckt eine ganze Gruppe
Richter mir schon in die Suppe,
Doch die Gruppe mit Gewehr
Führte ich beim Militär.

Deshalb bleibe ich gelassen,
Weiß die Herren anzufassen;
Wenn sie wollen, kriegen sie
Eine Gruppentherapie.

Und gehn schließlich sie zu Werke,
Sagen wir in Truppenstärke,
Nein, ein guter Offizier
Steht durchaus auch aufrecht hier.

Wenn sie also noch mehr spucken,
Soll mich das nicht weiter jucken,
Denn auch ihnen, das voraus,
Geht einmal die Spucke aus.

Und die Spucke in den Suppen
Kann sich derart dort entpuppen,
Daß sie sich darin nicht hält,
Zurück auf die Spucker fällt.

Die Affenschande

Was mir widerfahrn im Lande,
Ich sag, eine Affenschande;
Als normal wird angesehn,
Was ein Affe würd verstehn,

Wenn er vor dem Silberrücken
Untertänigst sich muß bücken,
Damit der nicht schlägt und beißt,
Ihn vielleicht in Stücke reißt.

Lernten hier im Land die Laffen
Zwischenzeitlich von den Affen,
Denk ich, sollt ich widerstehn
Und nicht in die Kniee gehn.

Doch die Landesrichter lachen,
Wollen mich zum Affen machen,
Der erschreckt vom Ordnungsgeld
Tunlichst seine Klappe hält.

Grad so wie im Land der Affen
Geht's dann zu, sie könnten's schaffen;
Da muß sagen der Verstand,
Das ist eine Affenschand.

Der kleine Kacker

Heut hat Ole mit dem großen
Kack mal wieder angestoßen;
Im vertrauten Kreis zu zwein
Aßen sie und tranken Wein.

Ole sollt dem Alfred nützen,
Er den Ole unterstützen;
Das war üblich hier im Land,
Eine wäscht die andre Hand.

Dazu kam noch, daß die beiden
Konnten sich auch recht gut leiden;
Füreinander der Respekt
War in Ihnen schnell geweckt.

König und der Bürgermeister,
Die erhabnen großen Geister,
Waren peinlich drauf bedacht,
Zu erhalten ihre Macht.

Dann zum Schluß, ganz ungezwungen,
Wurde noch ein Lied gesungen,
Ole wollte nun auch gehn,
Blieb jedoch noch einmal stehn,

Weil der Hanswurst zu ihm rannte,
Den bis dato er nicht kannte,
Und da fiel dem Ole ein,
Das muß sicher Kack's Sohn sein.

Rief: Schau an, das nenn ich wacker,
Sie sind wohl der kleine Kacker;
Hanswurst dachte nur, das mir,
Dieser Spaß geht zu weit hier.

Machte darauf eine Wende,
Nahm die Beine in die Hände,
Ließ den Ole einfach stehn,
War erstmal nicht mehr gesehn.

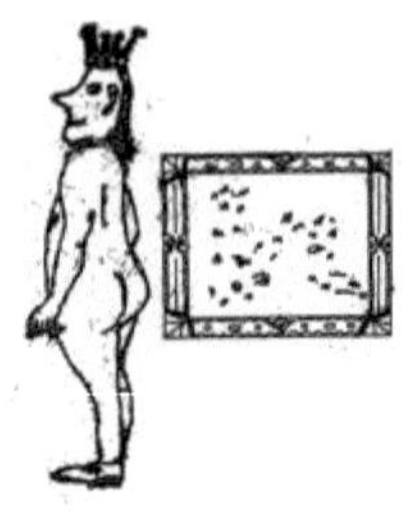

Der blanke Alfred

Diesmal war der Alfred blank,
Deshalb mußte er zur Bank;
Komisch geht's dort zu mitunter,
Ziehn Sie mal die Hose runter,

Sprach der Leiter von der Bank,
Alfred fragte, sind Sie krank?
Doch der meinte nur, von wegen,
Jeder muß uns offenlegen,

Was er hat, denn auf den Schein,
Lassen wir uns hier nicht ein;
Um ein Darlehn auszuweiten,
Brauchen wir stets Sicherheiten.

Und da wollen Sie ein Bild,
Sagte Alfred jetzt ganz mild;
Nun, das kann ich gut verstehen,
Denn sein Wert der bleibt bestehen.

Dazu brauch ich Leinenwand,
Haben Sie die auch zur Hand?
Dann zieh ich die Hose runter,
Wollen Sie es lebhaft munter

Oder lieber einfach schlicht,
Mehr mit Schatten oder Licht?
Doch dem Bankmann schien zu schwanen,
Was sich sollte da anbahnen,

Das was Alfred nannte Kunst
Stand nicht hoch in seiner Gunst,
Deshalb sprach er: Ihr Darlehen
Ist bewilligt unbesehen.

Putten und Nutten

Hotel Alfred, es gefällt
Sich als Teil der großen Welt;
Ein Hotel, wir wollen schauen,
Wie man sich kann dort erbauen.

Der Direktor Gernegroß
Fühlt sich wohl in Alfreds Schoß,
Darf zusammen mit dem alten
Alfred dort die Zügel halten.

Glanz und Gloria, den Schein
Pflegt Herr Alfred ganz allein;
Gernegroß darf dafür treten,
Wenn ein Gast ist ungebeten.

Sonst vollzieht mit Eleganz
Man um's goldne Kalb den Tanz;
Vorn am Eingang nett die Putten,
An der Bar dann ein paar Nutten,

Gut gestylt und immer gern
Da für die seriösen Herrn;
Offen will man das nicht zeigen,
Im gesellschaftlichen Reigen

Läuft das einfach mit am Rand,
Daher weniger bekannt;
Somit kann das, was wir hören,
Auch den guten Ruf nicht stören.

Mit dem Ruf, darin liegt Sinn,
Macht man ebenfalls Gewinn,
Weil aus allerbesten Kreisen
Gäste zum Hotel anreisen.

Und es heißt, sie kommen gern,
Aus der Nähe und von fern,
Zu den Feiern und den Festen,
Die bei Alfred sind vom Besten.

Damit zeigen wir nun an,
Was man dort erwarten kann:
Nicht die Alfred K.-Laterne, 1)
Dafür aber die fünf Sterne.

1) Sh. »Erlebnisse im Hotel« Band IV, Die K.-Laterne, Seite 121

<u>Würde</u>

Anderen die Würde nehmen,
Warum sollte K. sich schämen,
Wo der Richter doch befand,
Das wär üblich hier im Land.

Schließlich gibt es bei der Würde
Auch noch geistig eine Hürde;
Manch ein Mensch, der drum entgleist,
Weiß gar nicht was Würde heißt.

Dies galt es bei K. zu testen
Durch den Seelenarzt, den besten;
Was denn die Bedeutung wär
Dieses Wortes, fragte er.

Glaubt man, K. wurd nun verlegen,
Ganz und gar nicht, nein, von wegen,
Er zog sofort diesen Zahn,
Seine Antwort kam spontan:

Wenn ich neugeboren würde,
Hätt ich damit keine Bürde,
Ich würd alles wie heut sehn,
Würde meinen Mann hier stehn;

Würde auf mein Glück vertrauen,
Würde vielleicht noch mehr bauen,
Würde auch zu Ihnen gehn,
Würde Sie hier vor mir sehn,

Würde dann wie jetzt auch sagen,
Haben Sie noch weitere Fragen,
Doch der Arzt der meinte nein,
Mir fällt erst mal nichts mehr ein.

Zu viel der Ehre?

Mich freut's, von den Lesern kamen
Ab und zu mal Stellungnahmen;
Jede gilt es zu beachten,
Eine wolln wir hier betrachten:

»Was ich schriebe, all das wäre
Für den K. zu viel der Ehre,
Damit würd ich den verehrten
Herrn nur zusätzlich aufwerten.«

Wenn das so ist, muß ich sagen,
Wird K. sicher weiterklagen,
Wär verständlich sein Bestreben,
Um mir künftig Stoff zu geben.

Nun, ich denke mir, wir können
K. wohl diese Ehre gönnen,
Und es gibt nicht nur den einen,
Sehn wir K. im allgemeinen.

Dadurch wird das Thema breiter,
Es geht mit dem Rechtsstaat weiter,
Wir sehn, wie die Staatsgewalten
Sich im Sumpf der K.'s entfalten.

Vor den drohenden Gefahren
Können wir uns nur bewahren,
Wenn wir auf den Mißstand zeigen
Und nicht wegschaun, lieber schweigen.

Deshalb muß ich so viel schreiben
Und K. auf den Fersen bleiben;
Wird an wahrem Wert gemessen,
Kann man K. indes vergessen.

Das Bild vor Augen

Jenes Bild, das er gesehen,
Blieb vor Alfreds Augen stehen;
Es ließ einfach ihn nicht los,
Denn der Schock war riesengroß.

Hanswurst wurd in Alfreds Traume 1)
Plötzlich kleiner als die Pflaume;
Wie groß Hanswurst wirklich war,
Machte die Erkenntnis klar.

Hätt Alfred hineingebissen
In die Pflaume, würd er wissen,
Ob er vielleicht auch so klein
Wie sein Hanswurst würde sein.

Schon darüber nachzudenken,
Mußte Alfred zutiefst kränken,
Pflaumen wurden zum Tabu,
Denn er wollte seine Ruh'.

Um die Pflaume zu vergessen,
Durfte niemand Pflaumen essen,
Und es heißt, sein Haus es sei,
Deshalb völlig pflaumenfrei.

1) Sh. »Erlebnisse im Hotel«, Band V,
König Alfred und die Pflaume

Der verkannte Architekt

In dem alten K. da steckt
Ein verkannter Architekt,
Dieses wurde jetzt bekannt,
Und ein Aufschrei ging durch's Land.

Der entstandene Verlust
Wurde jedem voll bewußt;
Leider ist es nun zu spät.
Alfreds Genialität,

Jedenfalls auf diesem Feld,
Ging verlorn der Erdenwelt:
Eine Sensation am Bau,
Sicher die Jahrhundertschau.

Wenn wir durch die Straßen gehn,
Könnten wir ein K.-Haus sehn,
Stolz drauf wäre jede Stadt,
Die nur eines davon hat.

Doch was hilft die Träumerei,
Aus ist es damit, vorbei;
Wurd K. auch kein Architekt,
Weiß man nun was in ihm steckt.

Meine Schulden

K., ich zahle meine Schulden,
Bleibe schuldig keinen Gulden,
Was Ihr auch herausgepreßt,
Es bleibt immer noch ein Rest.

Um den Tanz mit Euch zu wagen,
Mögt Ihr zetern, mögt Ihr klagen,
Die Verleumdung duld ich nicht,
Stützt Euch dabei ein Gericht.

Reizt das noch mehr, mich zu wehren,
Nicht zuletzt dem Recht zu Ehren,
Damit es nicht untergeht,
Gleich woher der Wind nun weht,

Werd ich fest im Gottvertrauen
Euch stets auf die Finger schauen;
Das ist meine letzte Schuld,
Die ich abtrag mit Geduld.

Einmal wird man das erkennen
Und mich nicht mehr Schuldner nennen,
Deshalb nehmt Euch gut in acht
K., bei allem, was Ihr macht.

Der Keulentanz

Schwingen Richter für Herrn Kack
Ihre Paragraphenkeulen,
Bleibt ein übler Nachgeschmack,
Denn der Rechtsstaat bekommt Beulen.

Staatsanwälte schwingen mit,
Sollten sein des Staates Säulen,
Doch das Recht kriegt einen Tritt,
Was sie leisten, ist zum Heulen.

Und so tanzen sie vereint,
Um K. ihre Huld zu zeigen,
Auch wenn die Justitia weint,
Keulenschwingend ihren Reigen.

Ihre Keulen treffen hart
Jeden der den Tanz will stören,
Ihnen Wahrheit nicht erspart,
Diese wollen sie nicht hören.

So erscheinen sie uns blind
Mit der Binde vor den Augen,
Wie sie nicht für's Recht da sind,
Sondern ihm das Blut aussaugen.

Auf freiem Fuß

Ein neues Jahr und Gott zum Gruß,
Noch stehe ich auf freiem Fuß;
Das könnt sich ändern ganz geschwind,
Wenn die Plakate fertig sind,

Die für ein Sein in Wahrheit werben,
Damit die Freiheit nicht mög sterben,
Damit die Menschen aufrechtstehn,
Uns Richter nicht die Luft abdrehn.

Damit die Mächt'gen uns nicht ducken
Und lächelnd ins Gesicht uns spucken,
Damit nicht im verlognen Schein
Die Herrschenden uns wickeln ein.

Damit wir hier in Würde leben,
Nicht kriechen, sondern uns erheben,
Damit den Bürger man nicht linkt,
Das Unrecht nicht zum Himmel stinkt.

Die Zeitungswelt

Wurde nicht die Zeitungswelt
Förmlich auf den Kopf gestellt?
Schien mir einst seriös ein Blatt,
Hab ich es heut gründlich satt;

Würd verehrn den Heilgenschein
Sicher auch noch einem Schwein,
Wenn es ihnen nützlich ist,
Schreiben Blätter jeden Mist.

Wie bekommt man Seiten voll,
Wenn man Anstand wahren soll?
Das ist wohl ein Argument,
Wenn man sich dazu bekennt,

Doch die Wahrheit fürchtet man,
Weil sie vielleicht schaden kann;
An die Lügen, gut geschönt,
Hat der Leser sich gewöhnt.

Eine Zeitungshochkultur
Bleibt in der Erinnrung nur,
Und nach unten den Verlauf,
Fragt sich, wer hält den noch auf.

Advokat und Vertreter des Rechtes
____

Advokat verhalt Dich leise,
Bist bedauerlicherweise
Mit dem, was Du hast verbraten,
Selbst ins Rutschen nun geraten.

Würdest Du des öftren schweigen,
Nicht Dein Unvermögen zeigen,
Dürftest Du weit besser fahren,
Peinlichkeiten Dir ersparen.

Aber nein, Du willst stattdessen
Dich mit großen Geistern messen,
Zählst jedoch nur zu den Pfeifen,
Die vom Recht nicht viel begreifen.

Deshalb können wir nur hoffen,
Diese Frage bleibt noch offen,
Ob Du jemals hier auf Erden
Wirst ein Rechtsvertreter werden.

Ein heißes Eisen

Hier auf Mißstand hinzuweisen,
Zeigt sich, ist ein heißes Eisen;
Da dies offenbar bekannt,
Ändert sich auch nichts im Land.

Sich die Finger dran verbrennen,
Könnte man auch Dummheit nennen;
Wer will schon am Schluß allein,
Noch dazu der Dumme sein?

Gegen Mächt'ge aufbegehren,
Um das Unrecht abzuwehren,
Was nützt das, wenn Richter blind,
Hoher Herren Diener sind?

Uns mit Deutlichkeit aufzeigen,
Daß es besser ist zu schweigen,
Weil man sonst die Ordnung schafft
Mittels Ordnungsgeld und Haft.

Es nützt nichts, sich aufzureiben,
Alles muß beim alten bleiben,
Was der Bürger wissen sollt:
Red nicht! Schweigen, das ist Gold!

<u>W ä n d e</u>

Immer wieder Wände, Wände
Werden in den Weg gestellt,
Bis zu Deinem Lebensende
Eine wanddurchzogne Welt.

Wände aus gemeinen Lügen,
Aus durchtriebner Hinterlist,
Aufgestellt um zu betrügen,
Wände, die Du nie vergißt.

Wände, die den Blick verbauen
Hin zu einem schönen Sein,
Die Dir nehmen das Vertrauen,
Offenbar'n den falschen Schein.

Immer wieder Wände, Wände,
Sie entstehen immer neu,
Und so zählt dann nur am Ende,
Ob Du Dir bliebst selber treu.

Das Ohrläppchen

Für den Boxer nur ein Häppchen,
So ein kleines Stück Ohrläppchen
War, weiß Gott, nicht grade fein,
Könnt auch Schicksalsfügung sein,

Denn auf Ehre und Gewissen,
Wird der Gegner dies vermissen,
Wenn er ernstlich überdenkt,
Was ihm dadurch wurd geschenkt?

Kommt es hoch, vielleicht sein Leben,
Weil ein Schlag, mit Wucht gegeben,
War für manchen schon der Start
Für die große Himmelfahrt.

Und man würd sich kaum empören,
Sollt ein Schlag das Hirn zerstören,
Das ist nun halt einmal so
Vom Beruf das Risiko.

Schließlich möchte man mitnichten
Auf den großen Spaß verzichten,
Wenn der eine zeigt sich froh,
Und der andre geht k.o.

Läßt der Boxer sich hinreißen,
In das Ohrläppchen zu beißen,
Da gibt's keinen Meinungsstreit,
Geht entschieden das zu weit.

Richter zum TÜV

Schickt die Richter hin zum TÜV,
Damit man sie überprüf,
Denn es scheint, zu viele sind
Schlichtweg paragraphenblind.

Eine Krankheit hier im Land
Noch nicht ausreichend bekannt,
Dabei wächst von Jahr zu Jahr
Gleichsam mit ihr die Gefahr.

Richter, die die Blindheit schlägt,
Sind im Geiste lahmgelegt,
Und man weiß doch, was es heißt,
Wenn ein Hohlkopf ohne Geist

Im Staat an der Spitze steht,
Wie es dann schnell abwärts geht;
Wird in einer ganzen Zunft
Übermächtig Unvernunft,

Gar in der Gerichtsbarkeit,
Ist es dringend an der Zeit,
Daß der TÜV ganz konsequent
Hier die Spreu vom Weizen trennt.

Unser Weg

Wenn Gefühle in uns mahlen,
Losgelöst vom Rationalen,
Die einander widerstreben,
Welchem soll man Vorrang geben?

Sind wir frei, wenn wir entscheiden
In dem Wechselspiel der beiden?
Der Charakter, uns zu eigen,
Wird uns eine Richtung zeigen.

Schaun wir in uns, mög uns leiten,
Auf dem rechten Weg begleiten
Unser guter Stern, uns führen,
Den wir tief im Innern spüren.

Die verlorene Illusion

Endlich war es mal soweit,
Die Beamten hatten Zeit,
Und ich fuhr in meinem Wagen
Ohne einen Gurt zu tragen.

Also zeigten sie mir an,
Lieber Freund ganz schnell rechts ran,
Wir wolln Zuwendung Dir geben,
Sind besorgt um Leib und Leben.

Oh, das tat mir richtig gut,
Ich stieg aus mit frohem Mut,
Wann konnt ich es schon erleben,
Daß der Staat wollt mir was geben?

Und so rief ich, seid gegrüßt,
Wie Ihr mir den Tag versüßt,
Bringt mein Weltbild heut ins Wanken,
Dafür möchte ich Euch danken.

Doch die Antwort, wie zumeist,
Zeugte nicht von großem Geist:
Nur der Allgemeinheit Kosten
Wären interessant als Posten.

Und für meine Wenigkeit
Käm demnächst auch ein Bescheid,
Denn was mir bereite Freuden,
Wär für sie ein Zeitvergeuden.

Dreißig EURO kostet das,
Nun, für fünf Minuten Spaß,
Der mir leider ist vergangen,
Sollte das wohl wirklich langen.

Doch, daß hier die Polizei
Mir ein Freund und Helfer sei,
Diese Illusion im Leben
Hab ich nun auch aufgegeben.

Die weiße Rose

Stolz im Deutschsein, dies Erleben
Kann »die weiße Rose« geben;
Deshalb sollten wir sie hegen,
Und der Jugend ans Herz legen.

Dabei ist sie unterdessen
Wie es scheint, fast ganz vergessen;
Sie, die in den schweren Zeiten
Freiheitsrechte wollt erstreiten,

Hier in unsren deutschen Landen;
Junge Menschen, die dann standen
Vor den schaurig selbstgerechten
Richterlichen Henkersknechten,

Um gefaßt und ohne Bangen
Deren Urteil zu empfangen;
Diese Richter, das war Mode,
Straften grinsend mit dem Tode.

Gleichwohl im gepflegten Rahmen,
Nämlich in des Volkes Namen;
Was dahinter sie verstecken,
Kann auch heute noch erschrecken.

Nicht den Geist der weißen Rose,
Oftmals den der toten Hose,
Mit den abgestandnen Düften,
Die es dringend gilt zu lüften.

Sokrates heute

Vor mehr als zweitausend Jahren
Hat schon Sokrates erfahren,
Wenn die Wahrheit nicht gefällt,
Wird man einfach kaltgestellt.

Und auch heut wär er in Nöten,
Zwar würd man ihn nicht gleich töten,
Doch tät er die Wahrheit kund,
Stopfte man ihm auch den Mund.

Damit jetzt der Wahrheit Quellen
Nicht mehr sprudeln und erhellen,
Zahlt, wer nicht das Maul hält,
Ans Gericht ein Ordnungsgeld.

So wie vor zweitausend Jahren
Will man eine Ordnung wahren
Gründend sich auf falschem Schein
Und verachtend wahres Sein.

Wer sich nicht darein will fügen
In das Netzwerk solcher Lügen,
Der wird aus dem Weg geschafft,
Allerdings durch Ordnungshaft.

Treue Genossen

Als bei westdeutschen Genossen
Keine Träne ist geflossen
Für den hochverehrten Mann,
Bot ich eine Wohnung an.

Ihn im Regen stehn zu lassen,
Vom Gefühl her schwer zu fassen,
Wenn man ihn und was er tat
Vorher so bewundert hat.

Hätte er erkannt die Zeichen,
Rechtzeitig gestellt die Weichen,
Hätte man um Krenz ergänzt,
Beide sicher hier bekränzt.

Er wär Präsident geworden,
Reich behängt mit schönen Orden,
Doch so ist des Lebens Lauf,
Bist Du unten, tritt man drauf.

Einst von Honecker besessen,
Haben Freunde ihn vergessen,
Doch sein Geist, wir werden sehn,
Könnte wieder auferstehn.

Die Tränen

Hier 'ne Träne, dort 'ne Träne,
Mal 'ne große, mal 'ne kleene,
In der Politik nicht gut,
Doch verliern wir nicht den Mut.

Auch wenn wir nach all den Tränen
Uns mal nach was bessrem sehnen,
Immer wieder überstand
Sie am Ende unser Land.

Und solang sich dort die Träne
Nicht grad auswächst zur Fontaine,
Wird im weiteren Geschehn
Es gewiß nicht untergehn.

Das schwarze Schaf

Unser Edmund, der sagt äh,
Äh, äh, äh in einem fort,
Wenn er spricht, wie ich's versteh,
Fast nach jedem dritten Wort.

Doch das m, das läßt er weg,
Welch ein Glück, denn sonst o weh,
Wär's für manchen wohl ein Schreck,
Hörte er stattdessen mäh.

Und wer sagt schon immer mäh,
Bayern käm nicht in den Schlaf,
Denn weiß Gott, es ist kein Schmäh,
Edmund wär das schwarze Schaf.

Zwischen allen Stühlen

Wahrlich, zwischen allen Stühlen
Muß man sich nicht unwohl fühlen,
Und schiebt man den Stuhl Dir hin,
Macht es deshalb durchaus Sinn,

Sich zuerst einmal zu fragen,
Weshalb soll der Stuhl Dich tragen?
Soll gereichen er zur Ehr
Oder dient er vielleicht mehr

Dazu, um Dich gleichzuschalten,
Andrer Fahne hochzuhalten,
In dem Gleichschritt mitzugehn
Und nur noch wie sie zu sehn.

Das nun will mir nicht behagen,
Einen Nasenring zu tragen,
Und so wächst das Wohlgefühl
Für mich zwischen dem Gestühl.

Dort kann ich mich frei entfalten,
So wie's mir beliebt gestalten,
Gibt es dafür einen Tritt,
Warum nicht, er hält mich fit.

<u>Asyl</u>

Nun, auch ich zog meine Lehre,
Weil der Stellenwert von Ehre,
Den sie hier im Land belegt,
Sich mit meinem nicht verträgt.

Wenn im Land die Ehrabschneider
Tragen wieder Ehrenkleider,
Hat die Ehre keinen Wert,
Es läuft etwas grundverkehrt.

Wenn die Herrn von den Gerichten
Ehrabschneidern sich verpflichten,
Setzen Ehre außer Kraft
Und verordnen dafür Haft,

Sollt man sicher nicht vor Schrecken
In den Sand den Kopf reinstecken;
Ich zieh deshalb ins Kalkül
Für mich selbst jetzt das Asyl.

Immerhin gibt es noch Länder,
Wo nicht Mörder, Kinderschänder
Schnell auf freiem Fuße stehn
Und die nächste Tat begehn,

Sondern wo es heißt, daß Ehre
Für die Menschen heilig wäre
Und, daß ohne Zweifel man
Sie bestimmt nicht kaufen kann.

Die Marktwirtschaft

Wenn sie nicht in Zwang gehalten,
Sich kann völlig frei entfalten,
Ist stark wie die Marktwirtschaft
Keine andre Wirtschaftskraft.

Wird dem Volke Wohlstand schenken,
Wenn sie Unternehmer lenken,
Die im Eigennutz nicht blind,
Darauf ausgerichtet sind

Redlich und frei von Allüren
Menschen im Betrieb zu führen;
Die drum gern mit ihnen gehn,
Deshalb hinter ihnen stehn.

Doch wenn von den Führungsleuten
Viele das System ausbeuten
Und zur Leistung ganz konträr
Für sich nehmen mehr und mehr

Sind sie bald nicht Brötchengeber,
Dafür aber Totengräber
Des Systems, das wohldurchdacht
Uns den Wohlstand einst gebracht.

<u>Die Wunden</u>

Ein weitres Buch wollt man nicht lesen,
Was ist der Grund dafür gewesen?
Die Antwort gab ein kluger Mann,
Er strengte sehr sein Köpfchen an.

Und hört, er hat herausgefunden,
Ich leckte nur die eignen Wunden,
Die wären, sagte sein Verstand,
Für andre wenig interessant.

Ich möchte ihn dadurch nicht kränken,
Doch was er sagt, zu überdenken,
Scheint mir, auch wenn es Mühe macht,
In jedem Falle angebracht.

Er möge sich daran nicht stören
Und dazu meine Meinung hören:
Wer nicht die eigne Wunde spürt,
Wird auch von fremder nicht berührt.

Man sollte deshalb zwischen beiden,
So denk ich, auch nicht unterscheiden,
Die Wunde nur als solche sehn
Und keine einzge übergehn,
Nur so, das möchte ich bekunden,
Kann unsre Welt vielleicht gesunden.

Die Bremser

Es war schon ein Phänomen,
Jahr für Jahr mitanzusehn,
Wie die Wirtschaft konnt verkraften
Bürokratenseilschaften,

Die als Bremser in Gestalt,
Es gut zu ernähren galt;
Die sich reichlich Früchte pflückten,
Trotzdem ihr die Luft abdrückten.

So zeigte uns musterhaft
Daher auch die Planwirtschaft,
Wie die Wirtschaft streicht die Fahnen,
Wenn die Bürokraten planen.

Und mit einem Wasserkopf
Wird man schnell zum armen Tropf;
Deshalb auch die roten Zahlen,
Kommt's zum Wettstreit im Globalen.

Die Bequemlichkeit, der Speck
Müssen einfach wieder weg;
Wenn wir dabei Zeit verschwenden,
Stehn wir da mit leeren Händen.

Das liebe Geld

Eins verleiht das liebe Geld,
Sprach ein kluger Mann von Welt,
Doch nur wenige verstehen,
Mit dem Einen umzugehen. 1)

So entsteht grad der Gewinn,
Dem der Geldbesitz gibt Sinn:
Aus den Zwängen sich entwinden,
Und das Freisein zu empfinden. 2)

Dies wurd für mich der Genuß,
Reichlich, fast im Überfluß,
Um nun über das zu schreiben,
Wo es sonst heißt, still zu bleiben.

Folgerichtig hat gestellt
Man den Antrag, mir das Geld
Schleunigst wieder abzunehmen,
Damit man den Unbequemen

Ausschließt aus dem freien Sein,
Bindet ihn in Zwänge ein,
Wo er seine Machenschaften
Nicht mehr länger kann verkraften.

1) und 2) Sh. August von Platen
in »Der ewige Brunnen«, S. 679

Herr Smart

Ich wünsch allen gute Fahrt
Rief begeistert der Herr Smart
Und fuhr smart und immer schneller
Seine Firma in den Keller,

Die ihm selbst zwar nicht gehörte,
Was ihn aber gar nicht störte,
Nein, sogar im Gegenteil,
Ja genau, grad deshalb weil

Es für ihn sich sollte lohnen,
Er wollt nicht im Keller wohnen,
Nahm sich cool, das heißt auch kalt,
Drum ein fürstliches Gehalt.

Smarte mit den klugen Köpfen
Müssen ihre Firmen schröpfen,
Ist die Ansicht von Herrn Smart,
Dafür arbeiten sie hart.

Die Renten

Der Glaube in vergangner Zeit,
Daß unser Staat übt Redlichkeit
Und sich der Treue hätt verschworen,
Er ging seit langem schon verloren.

Zahl in die Rentenkasse ein,
So magst Du ganz beruhigt sein,
Sollst Dich dann auch an unsren Gaben
Wenn Du mal alt bist herrlich laben.

Man zahlte vierzig Jahre dort,
Der Vater Staat war ja im Wort
Und würd, so dacht man, sein Versprechen,
Das schien gewiß, auch niemals brechen.

Doch irgendwann im Zeitenlauf
Da kamen erste Zweifel auf,
Der Staat gab aus mit vollen Händen,
Gefiel sich selbst im Geldverschwenden.

Hat sich jedoch ganz unverblümt
Noch obendrein damit gerühmt,
Daß trotz der Kassen, seiner leeren,
Die Renten völlig sicher wären.

Heut hat er eine andre Sicht,
Renten falln zu stark ins Gewicht,
Manch einer würd sich drum nicht zieren,
Sie einfach kurzerhand halbieren.

Das beste allerdings nun wär,
Es gäbe keine Rentner mehr,
Doch dieses darf man höchstens denken,
Man will die Rentner ja nicht kränken.

Der Lebensweg

Wenn wir unsre Straße gehen,
Vor uns nun ihr Ende sehen,
Fällt der Blick beim letzten Stück
Immer öfter mal zurück.

Es sind die vergangnen Zeiten,
Die gedanklich wir durchschreiten,
Plötzlich sind sie wieder da,
Gegenwärtig und so nah.

Eigentlich als ob wir schweben,
Vieles noch einmal erleben,
Nur die Dimension bis hier,
Für den Weg verloren wir.

Doch wir spürten sein Gefälle,
Schneller ging's ab einer Stelle,
Das Gefühl von Ewigkeit
Hält sich nur bereit im Leid.

Und die letzte Strecke leiden,
Dann doch lieber eher scheiden;
Scheint nicht jetzt schon das Geschick
Uns nur wie ein Augenblick?

<u>Unfehlbarkeit</u>

Richter, sie erwarten Huld,
Weil sie mich zum Schuldner machten,
Einem Schuldner ohne Schuld,
Würden sie das mal betrachten,

Wär es wirklich an der Zeit,
Laut Entschuldigung zu sagen,
Zeigte mir, daß Ehrbarkeit
Auch von ihnen wird getragen.

Doch man wird wohl kaum erleben,
Daß ein Richter in sich geht,
Um sein Urteil aufzuheben,
Das einmal geschrieben steht.

Schließlich möchte er nicht fehlen,
Sondern stets unfehlbar sein,
Sich nicht mit der Wahrheit quälen
Und so reicht ihm schon der Schein.

Spaß muß sein

An den Litfaßsäulen brennen
Bücher, und die Menschen rennen
Unbeeindruckt dran vorbei,
So als ob dies gar nichts sei.

Lesen an den Bilderwänden
Ist für sie nur Zeitverschwenden
Und für viele jedes Buch
Ohnehin ein rotes Tuch.

Wenn erst Bücher wirklich brennen,
Wie wir das von früher kennen,
Schaut man wohl in aller Ruh
Immerhin ein wenig zu.

Meint dann aber nur, deswegen
Braucht sich keiner aufzuregen,
Weil sich das bestimmt nicht lohnt,
Man ist anderes gewohnt.

Muß doch nur ins Fernsehn schauen,
Tag für Tag Gewalt und Grauen,
Jeder hier im Land der kennt
Auch die Bilder wenn es brennt.

Manchmal ganze Häuserreihen,
Menschen die verzweifelt schreien,
Da fällt bei den Büchern ein,
Laß sie brennen, Spaß muß sein.

Erlebnisse im Hotel mit König Alfred und seinem Hanswurst
unter Berücksichtigung der Zensur durch das Landgericht
Hamburg. Der Kampf eines Bürgers gegen ein Unternehmen
mit faschistoiden Verhaltensweisen Band I-VIII

König Alfred und sein Hanswurst
Ein MALBUCH mit 66 heiteren Geschichten.
Für Jugendliche im Alter von 8-88 Jahren
ISBN 978-3-8334-8037-9

Die frivolen Geschichten
mit König Alfred und seinem Hanswurst
ISBN 978-3-8334-8038-6

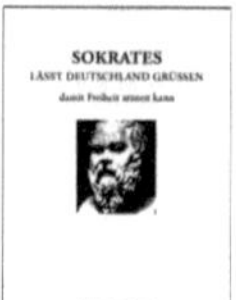

Sokrates läßt Deutschland grüßen –
damit Freiheit atmen kann
ISBN 978-3-8334-7988-5

Das große Kochbuch
Ein Menü für Juristen und verantwortungsbewußte Staatsbürger
ISBN 978-3-8334-7987-8

Mir reicht´s - Deutschland ade
ISBN 978-3-8334-7986-1

Daß Liebe unser Leben durchdringt ...
ISBN 978-3-8334-7977-9

Für Dich
ISBN 978-3-8334-7975-5

Nur noch für Dich – Eine Liebeserklärung
ISBN 978-3-8334-7976-2